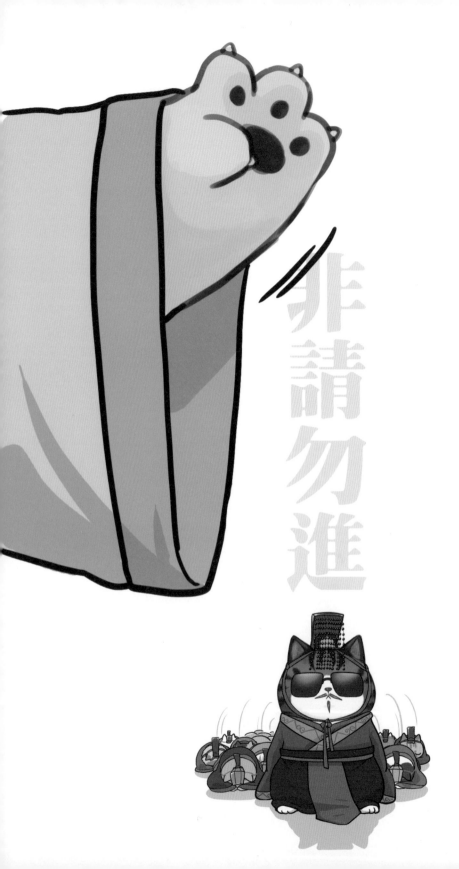

非請勿進

歷史不再無趣！
跟著喵星人一起快樂學習

吳宜蓉

歷史課本很難看我知道，所以市面上才會有那麼多貓貓狗狗的歷史科普書籍。畢竟，有貓就給推，有貓就給讚。喵星人光靠賣萌就可以活得很滋潤！

其實歷史本來就很有趣，八加九劉邦為什麼最後可以打敗戰力超強的戰神項羽？本來是賢妻良母的呂后為什麼會黑化成為一個心狠手辣的鐵娘子？沒有 Google map 跟導航系統的張騫到底怎麼前往西域？模範生王莽為什麼奪得政權後帶給人民的只剩下災難？你難道不想知道為什麼嗎？

開啟學習的動力是好奇！但是生硬的文字、嚴肅的封面，並不是啟動好奇心的開關。作為一個現場歷史教師，我必須承認，課本有時候真的很破壞我們學習的興趣，它實在長得太不可愛了。

所以，我們老師才需要一些課程設計，一些教學包裝，一些口語轉化，把硬梆梆的課本，變成軟萌可口的知識，讓歷史教學變得生動

有趣。

　　而這系列作品同樣也在嘗試做這樣的努力，透過活潑的漫畫、俏皮的貓貓、幽默的笑點，再穿插歷史典故、成語應用，將複雜的中國歷史，轉譯成輕鬆好吸收的訊息，讓讀者讀著讀著就笑了，卻也讀著讀著就懂了，比我奮力上課講到燒聲還有效得多。

　　值得一提的是，一〇八課綱開始後，中國歷史的篇幅在教學內容上有很大的調整。不再是一個朝代一個朝代的詳細敘事，也不再介紹眾多的歷史人物。學生在面對許多典章制度的變遷，朝代先後發展的時序感，在學習過程中，往往會有一種沒頭沒尾的斷裂感。一周僅有一節歷史課的緊湊進度，時間也不允許歷史老師進行太多額外的補充。

　　這時候課外讀物的延伸學習，我總認為是多多益善的資源。因為，多知道一些故事，便能豐富孩子想像一個時代的畫面；多認識一些人物，就能加深孩子對於複雜人性的理解；多學習一些成語典故，便可強化國文與歷史的整合，增加學生跨領域知識的應用。

　　閱讀永遠都是好事，尤其有貓，有歷史，可以一邊看可愛的喵喵，又可以一邊學習歷史上的大小事。快翻開這本書，讓好事發生吧！

（本文作者為《開箱臺灣史》作者、歷史教師）

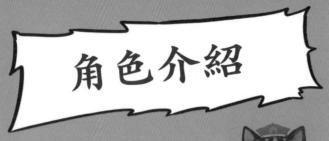

角色介紹

吾皇

喵星人，性格高冷、傲嬌，雖然說平時冷豔端莊，但是仍會流露出貓的各種特色，比如摔杯子不講理、玩逗貓棒、睡姿奇怪、抵抗不了貓罐頭的誘惑、因為肥胖所以不夠靈活等。作為一家之主，習慣用傲嬌的態度表達溫柔的情感。言辭犀利，對世間百態有自己的看法。嫌棄又關心巴扎黑，世界上只有牠可以欺負巴扎黑，其他人或狗都不行。

巴扎黑

汪星人，忠誠，情商低，智商也低，是個腹黑小戲精。外表憨厚，內心戲多。用自己愚笨的腦袋關心並忠於家裡的每一個人，是吾皇的小跟班。

人中

臉上有兩坨「腮紅」的小黑貓，人中特別長，因而得名「人中」。頭頂有個來歷不明的尖尖。善良，天然呆，心直口快，童言無忌，總是帶著好奇心看待一切，被吾皇當成自己的後代教育。

牛能

哈士奇和柯基的混血，但覺得自己是高貴的哈士奇，介意別人說牠腿短。油腔滑調，卻自認為很有品味。欺善怕惡。經常自作聰明，愛賣弄。愛欺負巴扎黑，經常被吾皇揍。

齊瀏海

是一隻肥胖的乳牛貓，黑色花紋形似齊瀏海，一直在外流浪。好爭地盤，但對手下的流浪貓很負責，作為另一區的貓老大，是傲霸的對手，經常和傲霸爭奪貓王之位，但又惺惺相惜。

傲霸

中年貓，比吾皇年長，不能接受被人類馴養，對人類保持警覺，不屑與狗為伍，是社區流浪貓之王。

逆風

陽光積極，不因自己的缺陷而自怨自艾，努力向上，認定要做一件事的時候十分執著，但想放棄的時候也會十分果決。聽力不好，臉上有四角星花紋，也是一區的貓老大。

喵的！歷史哪有那麼難 2

目錄

喵的！
歷史哪有那麼難 2

本章人物介紹

嬴政　吾皇

吳廣　齊瀏海

陳勝　傲霸

西元前 221 年，秦始皇統一了六國，建立了大秦帝國。
持續數百年之久的混戰局面終於結束，秦，笑到了最後。

統一後的秦國不再是一個諸侯國，而是統一的多民族王朝，
也就是秦朝，這也是中國歷史上首個大一統的朝代。

這是我打下的江山！

統一天下後的秦始皇推行了多項政策：
在中央實行三公九卿制，管理國家大事；
在地方實行郡縣制，地方官員由皇帝直接任免；
同時統一了文字、貨幣和度量衡等，為人們從事經濟和文化交流活動提
供了便利。國家開始慢慢步入發展正軌。

順子

• 度量衡：指在日常生活中計量
物體長短、容積、輕重標準的
統稱。

可是秦在統一後經歷短短十五年
就迅速滅亡了。
這是為什麼呢？

整體來看，雖然秦始皇統一六國，但他的統治急於求成，這也是延續商鞅提倡的以法家思想為治國政策所產生的副作用。

秦朝是以法家思想崛起的，而法家思想提倡的正是透過暴力手段進行統治。雖然表面看起來大家十分服從，但暗地裡人心正悄悄瓦解崩壞。

為了增強國力，秦始皇對農民徵收沉重的賦稅，
要求農民要將三分之二的收成上交！
壓得百姓根本喘不過氣來。

法律也變得更加嚴苛。
民眾稍有不慎就會觸犯法律，而只要一人犯法，鄰里就會全部遭殃。

同時，秦始皇又大量徵集民力，讓老百姓服徭役，
也就是強迫他們從事無償的勞動，
比如修建長城、阿房宮、驪山陵等。

雖然當時已經完成了統一，但北方仍舊會受到匈奴的騷擾。
秦始皇為了鞏固國防，動用了近百萬的人力修築長城！

- 長城並非秦始皇一手建造的，早在之前其他諸侯國就建立了自己的長城，秦始皇只是將它們連接起來。

當時秦朝約兩千萬人口，而每年需要服役的成年男子差不多有三百萬。
百姓遭到殘酷的剝削，苦不堪言。

此外，秦始皇還做了一件
驚世駭俗的事，
那就是我們熟知的
「焚書坑儒」。

其實「焚書」和「坑儒」是兩件事。當時為了控制人們的言論和思想，
秦始皇採納了大臣李斯的建議，下令焚燒諸子百家的書籍，
許多此前的珍貴文獻毀於一旦，這就是「焚書」。

因為迷戀皇權以及富貴的生活，秦始皇試圖追求「長生不老」。
他花費大量錢財，四處求仙尋藥，還招來了很多「方士」幫他煉仙丹。

但世上哪有長生不老的神藥，方士們開始到處說秦始皇的壞話。
秦始皇感覺自己遭到戲弄，就把他們全都活埋了，
這就是「坑儒」。

「焚書坑儒」阻礙了文化發展，
讓廣大的知識分子產生了反抗的心理，
各階層人民不滿的情緒也越來越多，加速了秦朝的覆滅。

還沒享受夠帝王生活的秦始皇，
在五十歲出巡時就駕崩了，在位三十七年。
他的兒子「秦二世」由此繼位。

沒想到秦二世比他老爸還要殘暴，對百姓的剝削更為嚴苛！
他肆意揮霍錢財和人力，加重人民負擔，
老百姓甚至連生活都難以維持下去。

終於，人民再也無法忍受了！
一次，官府徵召九百多名農民前往邊境，
他們因在大澤鄉遇到大雨，
無法按時到達目的地。
按照秦朝的法律，
不能如期趕到就會被處死。

與其白白送死，不如起來反抗！
領隊的陳勝、吳廣
二人選擇鋌而走險。
在大家的回應和支持下，
二人發動起義，
決心推翻秦王朝的殘暴統治。

他們砍下樹木，做成武器；舉起竹竿，當作軍旗！

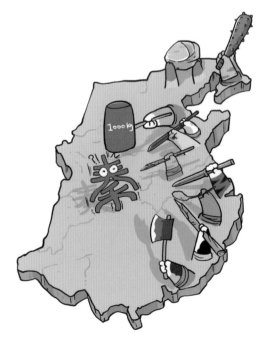

大澤鄉起義爆發後，
各地紛紛響應，
隊伍不斷壯大。

但在秦軍壓倒性的攻勢下，
這支缺乏後援的義軍最終失敗，
陳勝、吳廣二人也被殺害。

朋友一生一起走……

大澤鄉起義雖然失敗，但反抗秦國的浪潮並未退去。
在此期間，項羽和劉邦的勢力日益壯大，不斷對秦軍發起進攻。

滅秦!!

滅秦!!

滅秦!!

此時秦二世已經自殺，
在新的義軍的大舉進攻下，
秦軍難以抵擋，
秦朝新的統治者被迫投降。

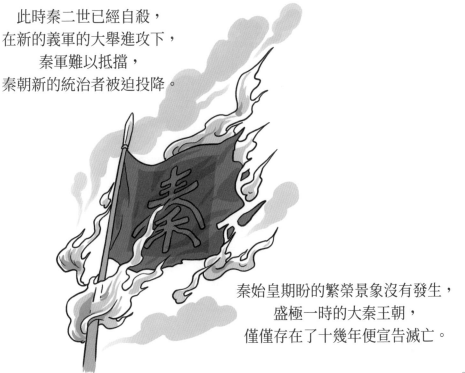

秦始皇期盼的繁榮景象沒有發生，
盛極一時的大秦王朝，
僅僅存在了十幾年便宣告滅亡。

不過秦朝建立的中央集權制度，奠定了未來兩千多年的政治藍圖；
秦始皇也被後人譽為「千古一帝」。

【陳勝、吳廣大事記】

○ 早期，陳勝、吳廣均爲出生貧苦的農民，飽受暴政之苦。

○ 西元前 209 年，陳勝、吳廣被徵召入伍，因遇大雨不能
如期到達。依照秦朝法律，過期斬首，於是兩人決定揭
竿起義，陳勝被推爲將軍，吳廣爲都尉，占領了大澤鄉、
蘄縣等地。

- 取得初步勝利後，陳勝在陳縣建立張楚政權，自立爲王，並任命吳廣爲假王，率軍西擊滎陽。

- 吳廣率軍圍攻滎陽不下，陳勝另派周文率義軍主力進攻關中，秦二世急命章邯迎戰。由於缺乏作戰經驗又孤軍深入，義軍接連受挫，周文自殺。圍攻滎陽的吳廣也被部將田臧假借陳勝之命殺死。

- 接著章邯以優勢兵力猛攻陳縣，陳勝率軍迎戰，最終失利，被叛變的莊賈殺害。

典　故

燕雀安知鴻鵠之志

陳勝小時候家裡很窮，經常被雇用幫人耕田。

一天，他在耕作休息時，對社會的不公平現象越想越氣憤，就對一起休息的人說：「如果有一天我變有錢了，一定不會忘記你們。」

同伴聽了他的話，都譏笑他異想天開，白日做夢。他不禁嘆息說：「唉，燕雀怎能理解鴻鵠的遠大志向呢！」

後世常用此典故比喻庸俗的人不能理解志向遠大者的抱負。

篝火狐鳴

在揭竿起義前，陳勝為了造勢，將寫有「陳勝王」的白綢塞入魚腹給其他人看，然後半夜跑到營房附近的廟裡點起篝火，學狐狸叫，大喊：「大楚興，陳勝王。」

後世常用「篝火狐鳴」指謀劃起事。

王侯將相寧有種乎

當陳勝、吳廣組織起義軍準備自立爲王的時候，有不少人心生疑慮，認爲他們背景普通，沒有貴族血統，不足以推翻秦政權。

於是，陳勝說了這句話，表示王侯將相並非天生就是好命、貴種，人人都可以透過自己的努力改變命運。這是一句非常具有反抗與拚搏精神的話語，激勵無數後人。

夥涉爲王

起義取得初步勝利後，當年和陳勝一起耕田的人看他發達富貴了，便去陳縣找他，但都被護衛攔下，他們進不去，護衛也不通報。等到陳勝出宮門，這些人攔路呼喊陳勝的名字，才被允許隨同進宮。

孤陋寡聞的他們進了宮，看見高大的宮殿，華麗的帷幕帳簾，不禁感嘆：「陳王的宮殿眞闊氣啊！」

於是，這件事很快傳遍天下。不少來客在陳勝宮中進進出出，常常說起陳勝窘迫時的事情。最終，陳勝覺得這些人有損自己的威嚴，便把他們都殺了。

陳勝，字涉，後世常用「夥涉爲王」形容那些地位本來很低微的人突然富貴以後排場很大的景象。帶有貶義。

喵的！
歷史哪有那麼難 2

本章人物介紹

項羽　吾皇

項梁　傲霸

上回我們提到，秦朝末期，統治者對百姓欺壓剝削，人民苦不堪言。
在此背景下，反秦的義軍紛紛群起抵抗。

在這些義軍之中，
有一位將領十分勇猛，
擊潰了秦軍無數主力！
他，就是後來的
「西楚霸王」項羽。

項羽身高八尺，力大無窮。
光是他身上散發出來的氣質，
就和平常人不一樣。

• 八尺約等於現在的身高 190 公分。

項羽的爺爺是楚國的名將，
曾經帶領楚軍大破秦國的軍隊。
正所謂將門出虎子，
項羽從小便繼承了爺爺的英雄氣概！

項羽的少年時期，他的叔叔想教他讀書，
但他學沒多久就不學了；叔叔又教他學習劍術，
他也提不起興趣；兵法他也就只學了個大概，不肯深入研究。

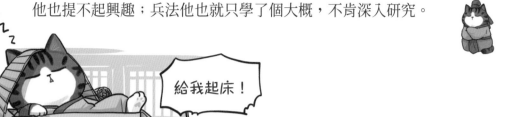

給我起床！

項梁

雖然項羽不太用功，
但卻志向遠大，胸懷天下。

一次偶然的機會，小項羽看見了出巡渡江的秦始皇。
在秦始皇的強大氣場前，項羽絲毫沒有畏懼，
淡淡地說了句：「我可以取代他。」

叔叔趕緊摀住項羽的嘴，但就此對他另眼相看。
小小年紀就無所畏懼的氣魄實屬難得，叔叔下定決心要好好培養他。

這種話也敢說，你真是好大的膽子！

沒人聽到吧！

沒人聽到吧！

這種話也敢說，真是膽子好大！

跟了我！
帶你們吃香喝辣！

後來陳勝、吳廣在大澤鄉揭竿而起，
起義的浪潮蔓延至各地。
項羽所在地的太守也蠢蠢欲動，
找到項梁叔姪二人
想讓項家為他所用。

不用了！
我們直接開動吧！

不料項羽和叔叔無意屈居人下，
便直接殺掉了太守，準備帶頭造反。
太守的部下們想反抗，
可項羽僅憑一人之力就斬殺了近百個士兵，
嚇得其他人趴在地上，不敢動彈。

項羽

項羽的高超武藝讓剩餘的
士兵不得不折服於他。
二十四歲的項羽，
就這樣帶領著八千反秦義軍，
登上了歷史舞臺。

項羽跟隨叔叔大殺四方，
連破秦軍。因為進展得太過順利，
項羽的叔叔開始驕傲起來，
結果因為大意慘遭敵人偷襲，
兵敗身死。

KO

我要　滅秦！

對！殺
他全家！

為了不辜負叔叔的期望，
消沉了一段時間的
項羽打起精神，
再次拿起武器繼續戰鬥！

殺死項羽叔叔的秦將章邯「一看，義軍也沒什麼了不起的嘛，
於是率領四十萬大軍進攻打算重建趙國的義軍。

因為實力的差距，趙國軍隊大敗，撤退逃進了一座叫「鉅鹿」
的城池中。秦軍緊隨其後，將鉅鹿團團圍住，準備一舉拿下趙國。

如果趙國軍隊全滅，
那這對本身就力量薄弱的
反秦義軍來說，無疑是雪上加霜。
面對強大的秦軍，
項羽絲毫沒有退卻，
帶領兩萬精兵準備前去救援。

弟兄們！滅秦了！

在去之前，項羽命令將士們只帶三天的糧食，
並把飯鍋、船隻全砸毀了。
就是為了告訴大家身後沒有退路了，只有打勝仗這一個選擇！
這就是著名的「破釜沉舟」。

把船鑿沉了！

是！

啊

砰

把鍋也砸了！

就這樣，
項羽帶著沒有退路的士兵們氣勢如虹，
以一敵十，殺得秦軍落荒而逃。

最終，只帶了兩萬人的項羽，
大破秦軍四十萬，
取得了這一仗的勝利。

我們贏了！！！！

這一仗不但解了鉅鹿之圍，同時殲滅了秦軍的主力，
打得秦軍再也振作不起來，
也大大提高了項羽的聲望。

與此同時，
義軍的另一位將領劉邦
抓住時機，
帶領軍隊直接攻下了秦朝
的都城，秦朝就此滅亡。

偷襲去！

秦朝滅亡後，項羽以老大的身分自立為「西楚霸王」，
並將有功勞的人分封成十八個諸侯。

這塊地以後
就是你的了。

這一年的項羽，年僅二十六歲。

此時，被封為「漢王」的劉邦正悄悄壯大自己的勢力。
那這天下最終究竟會花落誰家呢？

【項羽相關文學作品】

〈垓下歌〉
漢·項籍

力拔山兮氣蓋世，時不利兮騅不逝。騅不逝兮可奈何！
虞兮虞兮奈若何！

〈疊題烏江亭〉
宋·王安石

百戰疲勞壯士哀，中原一敗勢難回。江東子弟今雖在，
肯與君王捲土來？

〈夏日絕句〉
宋·李清照

生當作人傑，死亦為鬼雄。至今思項羽，不肯過江東。

〈登廣武古戰場懷古〉
唐·李白

秦鹿奔野草，逐之若飛蓬。項王氣蓋世，紫電明雙瞳。
呼吸八千人，橫行起江東。赤精斬白帝，叱咤入關中。
兩龍不並躍，五緯與天同。楚滅無英圖，漢興有成功。
按劍清八極，歸酣歌大風。伊昔臨廣武，連兵決雌雄。
分我一杯羹，太皇乃汝翁。戰爭有古蹟，壁壘頹層穹。
猛虎嘯洞壑，飢鷹鳴秋空。翔雲列曉陣，殺氣赫長虹。
撥亂屬豪聖，俗儒安可通？沉湎呼豎子，狂言非至公。
撫掌黃河曲，嗤嗤阮嗣宗。

典 故

沐猴而冠

　　項羽攻入咸陽後，一把火燒掉了秦朝宮殿，並準備將秦國的金銀珠寶運回故鄉。這時有人勸他留在關中建都立業，結果項羽拒絕道：「人富貴了就應該衣錦還鄉，否則就如同穿著繡花衣服在夜間行路，沒人能看清衣服上的花紋。」

　　那人聽到這話，覺得項羽不夠英雄，私下裡嘲諷項羽：「都說楚國人『沐猴而冠』，徒有其表，沒想到果真如此。」

　　項羽知道後就把那人活活煮死了。後世常用「沐猴而冠」比喻一個人本質不好，卻裝扮得像模像樣，虛有其表。

破釜沉舟

　　秦朝末年，秦軍北渡黃河攻打趙國。楚王派宋義、項羽率軍救援。宋義膽怯不敢迎戰，項羽殺掉宋義，自己做主帥。

　　楚軍渡過黃河後，項羽命令部下砸碎飯鍋，鑿沉戰船，燒毀帳篷，只帶三天的乾糧，與秦軍決一死戰。士兵們眼看退路已絕，回去是不可能的了，所以個個奮勇向前，勇猛無比，把秦軍打得落荒而逃。

　　後世常用「破釜沉舟」比喻不惜切斷自己的退路，以求努力獲得最好的成果。

霸王別姬

　　虞姬是西楚霸王項羽的愛姬，容顏傾城，才藝雙絕，舞姿優美，常陪伴在項羽身邊。相傳項羽陷入四面楚歌的絕境時，在突圍前夕曾不住地吟唱〈垓下歌〉。訣別之際，虞姬也作歌相和，以表必死之心，由此上演了「霸王別姬」的美麗傳說。後世以這一典故，創作出了眾多戲曲、影視、小說等文藝作品。

力拔山兮氣蓋世，
　時不利兮騅不逝。

Notes

喵的！
歷史哪有那麼難 2

本章人物介紹

劉邦　巴扎黑

項羽　吾皇

范增　逆風

韓信　傲霸

劉邦

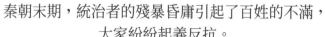

秦朝末期，統治者的殘暴昏庸引起了百姓的不滿，
大家紛紛起義反抗。

一個名叫劉邦的義軍統領，
帶領軍隊打入秦王朝國都，
迫使秦王投降，秦朝就此滅亡。

可誰能想到，
這個給了大秦帝國
致命一擊的男人，
之前竟然只是個遊手好閒的混混。

劉邦是農家子弟，從小就不喜歡下田耕作，
整天就知道出去鬼混。
不過他對人倒是很有義氣，也因此交了不少朋友。

劉邦成年後在老家當了個小官，在一次執行押送犯人的任務時，
還沒走多遠，犯人就跑了不少。
在當時，讓犯人逃跑可是死罪一條！

咕溜咕溜！

以後你就是
我們老大！

於是劉邦索性把所有犯人放了，
自己也準備逃跑。
他的這一舉動讓一些犯人十分感動，
他們決定跟隨劉邦一起逃亡！
這也是劉邦最初倚仗的反秦勢力。

還沒逃多久，劉邦一行人就趕上了全國反秦起義，也趁機起兵回應。
劉邦依靠自己擅長與人結交的能力，使起義的隊伍不斷壯大。

但即使這樣，實力也還是有限，
於是劉邦轉頭投奔了更加強大的
項梁叔侄。

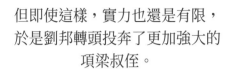

大哥，求抱大腿！

在制定好攻秦戰略後，義軍兵分兩路，
一路以項羽為首北上救趙，
一路在劉邦的帶領下西進伐秦！
項羽以少敵多擊敗了秦軍主力，
劉邦則是直接掏空了大秦的老巢。

我們兵分兩路，奮勇殺敵，
我負責奮勇，你負責殺敵！

占領了秦的大本營後，
劉邦一看這地方也太棒了！
要什麼有什麼！
就想留在這裡不走了。

這裡以後就是
我的家了！

在這期間，劉邦還跟當地百姓「約法三章」，
將秦朝那些苛刻的法制全給廢除了。
聽到這個消息的老百姓歡呼雀躍，
劉邦也成功收買了當地人心。

一、殺人者要處死。
二、傷人者要抵罪。
三、盜竊者要判刑。

聽到這個消息的項羽氣炸了！
我在前線奮勇殺敵，你卻獨享勝利的果實和人心！？
隨後，項羽立刻帶領四十萬大軍準備去攻打劉邦。

戰力 400000+

這回我不殺敵，
殺你！

劉邦雖然實力變強，但尚不足以與項羽抗衡，只好老老實實地交出城池。
項羽這邊的謀士范增勸他早日剷除劉邦勢力。

劉邦聽到消息後主動前去謝罪，
項羽怒氣全消，
還設宴招待了劉邦一行人。
然而，范增決意殺死劉邦，
安排舞劍助興以便趁機行刺。

幸好劉邦夠冷靜，憑藉才智和眾人幫助，最終得以全身而退。
這便是著名的「鴻門宴」。

喵的！歷史哪有那麼難2

後來項羽自立為「西楚霸王」，
以霸主的身分劃分天下土地。
劉邦被封為漢王，
發配到偏遠的巴蜀及漢中一帶。

你要幹麼！

你看我多
開心（？）

劉邦的特色就是能忍！
無論是鴻門宴也好，
還是現在不合理的分封也好，
雖然他背地裡氣得咬牙切齒，
但臉上總是笑嘻嘻的！

身處漢中的劉邦默默積攢力量，招賢納士，
漸漸擁有了韓信、張良、蕭何等諸多人才，實力大增。

這時別地的諸侯發動叛亂，
項羽前去平亂。
劉邦趁機帶兵出擊，
一舉奪下了好幾個諸侯國。

接著，劉邦又趁機向各個諸侯王宣揚項羽的罪行，
號召大家和他一起對抗項羽！
沒想到這一號召，就召來了足足五十六萬人！

戰力 560000 / 560000

漢

優勢在我！

以劉邦和項羽為首的
兩方陣營就此形成，
「楚漢戰爭」一觸即發！

身在外地的項羽，隨即帶著三萬精兵來揍劉邦。
劉邦因為輕敵，這一仗被項羽幹掉了十萬人馬。

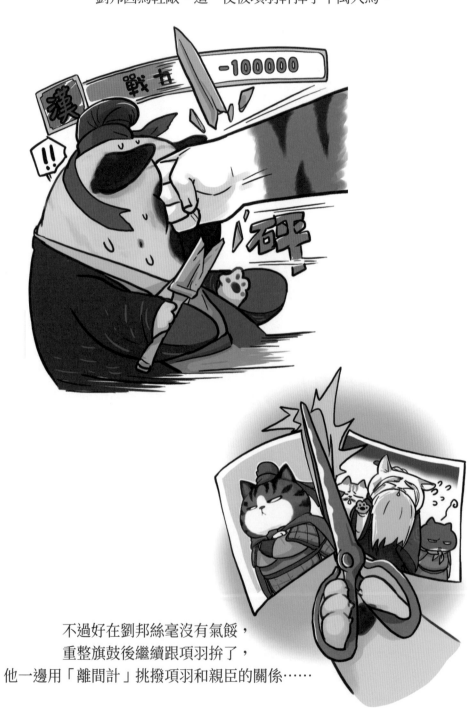

不過好在劉邦絲毫沒有氣餒，
重整旗鼓後繼續跟項羽拚了，
他一邊用「離間計」挑撥項羽和親臣的關係……

一邊派出猛將韓信披荊斬棘，
奪取城池。

我就偷襲！

站住！

雙方就這樣對峙了好久，
項羽逐漸落居下風，
無奈只好求和。經過協商後，
二人約定以鴻溝為界平分天下，
以西為漢，以東為楚。

此河為界，
我們互不相犯！

然而才剛講和不久，劉邦就毀約發動戰爭，進攻兵力尚未恢復的項羽。
在漢軍的全力追擊下，
項羽帶領的楚軍被逼到了一個叫「垓《下」的地方。

楚軍被漢軍團團包圍，已是兵疲食盡。
夜晚，漢軍唱起楚地的民歌，
導致楚軍上下軍心瓦解，無力再戰。

項羽連夜率領八百人的
隊伍突圍到了烏江。
身邊的人勸他趕緊坐船逃跑，
回去養精蓄銳，
以圖東山再起。

可項羽卻為自己的失敗感到羞愧，拒絕過江。
他以為漢軍已經攻占楚地，是老天要他滅亡，
一邊飲酒一邊唱歌，悲壯自刎身亡。
以上也是典故「四面楚歌」的由來，
後世常用以形容四面受敵、
孤立無援的境地。

一代霸王就此隕落，歷時四年的楚漢戰爭也就此結束了。

雖說豪傑有兩位，但這天下只有一個。
項羽雖然英勇善戰，但剛愎自用，
不善於用人；
劉邦雖然戰鬥力不如項羽，
但知人善用，
懂得聽取他人的建議，
這也是他取勝的關鍵。

擊敗項羽後的劉邦就此統一了天下，建立漢朝，
史稱「西漢」，劉邦則被後人稱為「漢高祖」。

吸取了秦朝因暴政滅亡的教訓，劉邦採取休養生息的政策：
讓士兵還鄉務農，同時減輕刑罰以及老百姓的賦稅……

這些舉措使人民得到安撫，
民心得以凝聚，
國家也得以鞏固。

楚漢戰爭結束了
秦亡之後的分裂，
是繼秦滅六國之後的統一戰爭，
漢高祖劉邦創立的
西漢王朝此後延續了兩百多年，
後來，住在中原周邊的人
們通常會用「漢」這個詞，
稱呼居住在漢王朝領土的人，
形成了「漢族」或
「漢人」的名稱由來。

【劉邦大事記】

- 西元前 256 年，劉邦出生於沛縣的一個小村莊。

- 西元前 224 年，劉邦通過考核，獲得泗水亭長的職位。

- 西元前 209 年，陳勝、吳廣起義爆發，劉邦於沛縣起兵回應。

- 西元前 207 年，劉邦領軍率先攻入秦都咸陽，接受秦王子嬰的投降。隨後，項羽入關，封劉邦爲漢王。

- 西元前 205 年，得知項羽殺義帝，劉邦聯合諸侯組成聯軍攻取楚都彭城，但很快被項羽大敗於睢水。

○ 西元前 204 年，楚漢相持於滎陽、成皋一線。

○ 西元前 203 年，楚漢約定以鴻溝爲界，各自退兵。劉邦採納張良、陳平的建議，追擊項羽，後於垓下大敗楚軍，取得最終勝利。

○ 西元前 202 年，劉邦統一中國，建立漢朝，定都長安，是爲漢高祖。

○ 西元前 195 年，劉邦病逝，葬於長陵。

典 故

明 修 栈 道， 暗 度 陳 倉

　　楚漢相爭初期，項羽勢力較強，劉邦懾於項羽的威勢，暫時領兵西上，開往南鄭。爲了隱瞞內心的不滿，迷惑項羽，劉邦接受了張良的計策，把一路走過的幾百里棧道全部燒毀。

　　後來，劉邦拜韓信爲將軍，請他策劃向東發展，進而奪取天下的戰略部署。韓信的第一步計畫是拿下關中，打開東進的大門，建立興漢滅楚的根據地。

　　他表面上派出幾百名士兵修復被劉邦燒毀的棧道，裝作要從棧道開始出擊，藉以迷惑守衛關中西部地區的大將章邯；實際上卻和劉邦統率主力部隊，暗中抄小路襲擊陳倉，趁章邯不備，取得了勝利，爲劉邦後續與項羽展開大戰奠定了基礎。後世常用「明修棧道，暗度陳倉」比喻以表面的行動爲掩護，迷惑對方，暗自進行某種活動。

民以食爲天

榮陽之戰時，項羽率軍來攻，劉邦不想和項羽硬碰硬，便想放棄榮陽。

謀士酈食其爲劉邦分析了當時的形勢，他說：「榮陽附近的敖山上有一個秦朝留下來的巨大糧倉，裡面儲存的糧食足夠我們吃很長時間。糧食是人們生存的基礎，將士們只有吃飽，才能同楚軍作戰。放棄榮陽，就等於放棄了糧倉，這不符合用兵之道啊。」

劉邦認爲他說得很有道理，於是命令將士死守榮陽，終於打敗了楚軍，取得了勝利。後世常用「民以食爲天」說明糧食是人們生存的首要條件。

借箸代籌

劉邦手下的謀士酈食其曾勸劉邦再立六國的後代做諸侯，然後大家聯合對付項羽，這樣就可以打敗楚軍。

劉邦猶豫不決，便把酈食其說的計謀告訴張良。

張良說：「如果您要立六國後代爲王的話，那麼大王您統一天下的大業就不會成功了。來，讓我用面前的筷子替您指畫當今的形勢，好好地分析分析究竟該怎麼做。」後世常用「借箸代籌」指代人策劃如何做某事，怎樣對付棘手的問題。

一決雌雄

楚漢戰爭時期，劉邦和項羽打了幾年，互有勝負，沒完沒了。在這種情況下，項羽對劉邦說：「劉邦，現在天下紛亂不安，社會動盪，主要是因為我們兩個人互相鬥來鬥去。我看這樣吧，我項羽單獨向你劉邦挑戰，我們兩人一比高低，分出雌雄，不要再因為我們使天下的百姓受苦受難了。」

劉邦卻笑著說：「我寧願與你鬥智，也不願與你鬥力。」

後世用「一決雌雄」指一比高低、決出勝敗。

陳陳相因

劉邦統一天下後，重視發展農業經濟，下令減輕農民的賦稅，鼓勵百姓耕種土地，盡全力進行農業生產。經過幾十年的休養生息，社會經濟有了長足發展，國庫堆滿了錢幣，以致穿錢的線都霉爛了；糧倉裡陳糧壓著陳糧，有的甚至已經發霉而不能食用了。

「陳陳相因」原意是指京城倉庫的糧食日積月累，越來越多，以致腐爛。後世常用以比喻因循守舊，不圖革新和創造。

大風起兮雲飛揚，
　威加海內兮歸故鄉，
　　安得猛士兮守四方！

一、殺人者要處死。
二、傷人者要抵罪。
三、盜竊者要判刑。

喵的！
歷史哪有那麼難 2

本章人物介紹

劉邦　巴扎黑

戚夫人　牛能

呂雉　逆風

秦朝滅亡後，為了爭奪天下，以項羽和劉邦為首的兩方勢力，展開了歷時多年的戰爭。最終劉邦獲得勝利，並建立了漢朝。

人們總說一個成功的男人背後，都有一個默默支持他的女人。
劉邦的背後就始終有著這麼一個人，
這個人也對漢朝的統治有重要的決策作用，
她就是劉邦的皇后——呂雉。

劉邦當年還在老家當小官的時候，
呂雉的父親在一次宴會上結識了他。
呂雉的父親很會看面相，
認為劉邦相貌不凡，
於是把女兒許配給了劉邦。

就這樣，不到二十歲的呂雉嫁給了
比她大十五歲的劉邦。
剛嫁過去的時候，生活並不富裕，
而且劉邦動不動就出去忙業務，
經常不在家。

又窮又孤獨……

即便如此，呂雉也沒有一句怨言，
一邊種田一邊養兒育女，
過著自食其力的生活，可謂賢妻良母。

劉邦起初在外征戰的那幾年，
呂雉一直在老家任勞任怨，默默守候。
後來劉邦勢力壯大，和項羽對峙，
呂雉便隨其一路征戰。

衝呀！

漢

休想逃跑！

項

在一次對決中，劉邦大敗，
呂雉被項羽抓去當了人質，
受盡了苦難和折磨。

好在劉邦重整旗鼓後又戰勝了項羽。
於是，呂雉回到劉邦的懷抱。

本以為這回是苦盡甘來，
沒想到此時劉邦的身邊竟
有了新人寵妾！
相比年長的呂雉，
劉邦偏愛年輕貌美的「戚夫人」。

儘管如此，
呂雉最後還是選擇了默默隱忍。
希望以和為貴，和平相處。

可事情並沒有按照她預想中的發展。
本來劉邦已經決定立呂雉的
兒子劉盈為太子，
但戚夫人仗著自己受寵，
天天在劉邦面前撒嬌，
想讓劉邦立自己的兒子
劉如意為太子。

劉邦還真的動搖了，
想要廢掉長子劉盈，
改立戚夫人的幼子為太子！
無論大臣們怎麼勸阻，他都不聽。

讓我吃苦可以，偏愛別的女人也可以，但動我兒子就真的忍不了了！
呂雉就此不再坐以待斃，
態度發生了一百八十度大轉變，澈底「黑化」。

她向大臣張良求助，
張良提議將隱居深山的「商山四皓」請出來輔佐太子。
於是呂雉寄信一封，並送去許多厚禮，
四位隱士高人居然全被請來了。

請四老為太子轉身！

後來在一次朝宴中，
劉邦發現劉盈身邊站著
四位白髮蒼蒼的老人，
他們竟是當年連自己都
請不動的隱士，
劉邦感到非常震驚！

喵的！歷史哪有那麼難2

四位隱士則表明很看好太子劉盈，願意今後為他效力。
劉邦明白了其中的含義，從此再也不提改立太子的事。

穩定好兒子的地位後，呂雉還要鞏固自己的權勢。
她開始殺人立威，用計斬殺了功臣韓信，
成功威懾住了朝中的其他大臣。

還造反嗎？

在劉邦稱帝的這幾年，
呂雉協助鎮壓反叛勢力，
對鞏固漢朝統一政權有重要作用，
也為日後掌權打下了充分的基礎。

劉邦去世後，太子劉盈順利繼位，呂雉成了皇太后。

呂雉當上皇太后的第一件事，就是找情敵復仇。
呂雉用殘忍的手段解決掉了戚夫人和她的兒子，
其冷血無情的做法，讓人不寒而慄。

由於劉盈性格較為軟弱，
呂雉開始獨掌大權，
不是皇帝卻勝似皇帝。

西漢

她開始積極發展外戚勢力，
把呂家的女孩都嫁給了朝廷高官，
並重用呂家的兄弟姐妹，
以此提高呂氏家族的權勢和地位。

抱大腿囉！

呂氏家族

為了讓身邊都是自己的血脈，她甚至把外孫女嫁給了兒子劉盈。
可想而知，呂雉為了鞏固權勢可以多麼不擇手段。

雖然呂雉的政治鬥爭手段十分兇殘，
但她也一心一意造福國家和百姓。

再批一點奏摺，
我就去睡覺……

批完了。

受連年戰爭的影響，國家經濟落後，城市支離破碎，百姓的生活依然很艱苦。呂雉遵從「黃老之學 *」，廢除以往嚴苛的法律，實行與民休息的政策。

• 編按：「黃老之學」產生於戰國中期，假託黃帝名義，又吸收老子的道家思想，認為統治者自身必須達到「虛靜無為」境界，才能客觀地判斷事物的本質，分辨是非。

你是我們心目中的女神！

呂雉以太后的身分掌控了朝政足足八年，
這也是中國歷史上第一個女性主政時期，史稱「臨朝稱制」。

在呂雉的統治下，漢朝政權也變得更加穩定，
逐步走向正軌，為後來的「文景之治」打下了堅實的基礎。

呂雉是第一位記載於正史中
的皇后和皇太后，
也是秦始皇統一中國後
第一個臨朝稱制的女性。
歷史上的評價褒貶不一，
但不可否認的是，
她對漢朝的發展有重要的貢獻。

吾皇巴扎黑小課堂

【呂雉大事記】

○ 在劉邦還是個小小亭長時，呂雉父親覺得劉邦面相不凡，將呂雉嫁給了劉邦。

○ 西元前 209 年，劉邦在沛縣起兵，開始頻繁在外征戰。呂雉與子女留在沛縣。

○ 西元前 205 年，楚軍與漢軍幾番交戰，呂雉陰錯陽差被楚軍所俘虜。

○ 西元前 203 年，劉邦在與項羽的角逐中占據優勢，項羽只能放回呂雉及劉邦的其他家人。

○ 西元前 202 年，劉邦稱帝，封呂雉爲皇后，兒子劉盈爲太子。

○ 西元前 200 年，劉邦本打算將魯元公主嫁至匈奴和親，
被呂雉哭訴勸阻。

○ 西元前 196 年，呂雉設計誅殺韓信、彭越等人。

○ 西元前 195 年，劉邦病逝，劉盈繼位，呂雉爲皇太后。

○ 西元前 188 年，劉盈病逝，呂雉立太子劉恭爲帝，代行
皇帝職權，開始臨朝稱制。

○ 西元前 180 年，呂雉病逝，與劉邦合葬長陵。

典 故

成 也 蕭 何， 敗 也 蕭 何

　　作爲劉邦的重要謀臣，蕭何向劉邦推薦了善於用兵打仗的韓信做大將軍，韓信爲漢朝建立立下奇功。然而，後來有人向呂后告發韓信企圖謀反。呂后想召韓信進宮，又怕他不肯就範，於是和蕭何商議。

　　蕭何建議呂后以慶賀平叛勝利爲由，將韓信騙進宮。呂后聽取了蕭何的建議，韓信一進宮，便被呂后以謀反罪殺死。

　　「成也蕭何，敗也蕭何」原意是指韓信成爲大將軍是由蕭何推薦的，被殺也是因爲蕭何策劃的計謀，後世多用於指事情的成敗、好壞都是拜一個人所賜。

商山四皓

　　商山四皓是秦末漢初的四位高士，即東園公、夏黃公、綺里季和
用（ㄩㄥ）里先生。他們因不滿秦始皇的苛政繁刑，長期隱居在商山，以待天
下安定。

　　他們不慕高官，清白自守，過著「穴居巖處，採芝療飢」的生活，
爲歷代文人佳士所敬慕。

　　因四人出山時皆八十餘歲，鬢髮如雪，故稱「商山四皓」。後世常
用「商山四皓」泛指有名望的隱士。

重要知識

臨朝稱制

　　是一個古代政治術語，指在君主專制時代，由皇后、皇太后或太皇太后等女性統治者在正統君主名義之下，掌握實際國家大權，參與或決定國家政務的現象。

　　按傳統儒學觀點，身為女性的后妃只能待在內宮中，而不能上外朝，即所謂「男主外，女主內」。所以，后妃要掌握國家大權，便必須「臨朝」，即「當朝處理國政」。

　　從秦始皇開始，皇帝的命令專稱「制」、「詔」，布告公文稱「誥」，后妃掌權後代理皇帝執掌國政，其命令自然上升到皇帝的級別，所以叫「稱制」，即「行使皇帝權力」。

　　兩者合稱，即「臨朝稱制」。呂雉以其獨特的政治手段和能力，成為中國歷史上最早的臨朝稱制的女性。

呂后真而主矣。

喵的！
歷史哪有那麼難 2

呂雉　逆風

劉恆　巴扎黑

劉啟　人中

5

文景之治

漢朝建立初期，劉邦死後，呂雉臨朝稱制，將大權掌握在自己手中，
把「劉氏天下」變成了「呂氏天下」。
朝廷中的一些大臣心有不滿，但因害怕呂雉而敢怒不敢言。

呂雉病死後，朝廷動盪不安，
一些宗室大臣聯合起來粉碎諸呂的勢力。
在一次大動亂後，呂氏集團被澈底消滅。

叫你們囂張！

那誰來當下一任皇帝呢？
經過一系列評估，大臣們選中了劉邦的第四個孩子，
就是在外名聲較好、對人寬厚仁慈的代王劉恆。

當年劉邦平定了代地諸侯
的叛亂後，年僅八歲的劉恆
就被封為了代王。

在母親悉心的教導下，
劉恆從小就養成了寬厚待人的優良品格。
在代地的十幾年間，劉恆以身作則，
勤儉節約，和百姓們友好相處，
得到了許多好評。

劉恆即位後，史稱「漢文帝」。
他深知這皇位來之不易，
因此立即開始採取各種手段鞏固統治。

皇權

劉恆先是把軍權掌握在自己手中，以示威嚴；
隨後大力封賞功臣，在原有諸侯王的基礎上，
又封了一批新的諸侯王。
一番恩威並施下來，劉恆有效地鞏固了皇權。

由於秦的暴政和長年的戰爭，社會經濟遭到了嚴重破壞，
所以漢朝剛建立的那些年，無論是官吏還是百姓，生活都非常貧困。

劉恆明白只有百姓生活安樂，朝廷政權才會穩定。
因此，他延續了父親劉邦推崇的休養生息的政策，
讓大家都好好躺一下，呃是休息一下。

這種做法看似「偷懶」，但對漢朝社會生產恢復有很重要的作用。

好消息！好消息！
稅收減免了！

為了進一步減輕百姓的負擔，
劉恆兩次降低了土地稅。
由最開始的「十五稅一」，
即將土地收成分成十五份，
上交給國家一份，
減少到後來只需「三十稅一」。

後面好幾年甚至直接就不收稅了。

別打了，以後我們就是親家！

面對匈奴的騷擾，
劉恆採取「和親」的
策略來規避戰爭；

我希望以德服人，別
逼我以德「斧」人！

對待勢力過大的諸侯王，
劉恆則是採取以德服人、
以武平亂的態度。
通常不會輕易出兵，
主張維持和平，以免耗損國力。

劉恆注重簡樸,生活十分節儉,從不追求奢華的東西。
因為節制國家的所有開支,所以百姓的負擔也得到了減輕。

劉恆在位期間,百姓富裕,天下小康,呈現出一片安定祥和的景象。

漢文帝劉恆去世後，他的兒子劉啟繼位，
史稱「漢景帝」。

劉啟延續了爺爺以及父親推崇的休養生息政策，
減輕了賦稅、徭役和刑罰，
經濟也進一步的恢復和發展。

為了加強中央集權，
劉啟採納了大臣的提議，
實行「削藩」*，
削弱地方諸侯的勢力。

> • 削藩：指封建制度下君主為了收
> 回諸侯或地方割據勢力手中的
> 部分或全部權力而實施的政策。

我們造反去！

幾個諸侯王一聽就不開心了，
想拿走我們的土地？想都別想！
於是，七個勢力較大的諸侯王聯
合起來發動了叛亂，
這就是歷史上的「七國之亂」。

不過，經過多年的沉澱，
這時候的中央政府與剛建立
時相比，實力已然大增。

不到三個月，
「七國之亂」就被平定了，
幾個諸侯王一下子老老實實。
漢朝的中央集權得到了大大加強。

我們錯了！你才是大哥！

平定叛亂後，
劉啟專心處理朝政。
他繼承了父親節約的品格，
生活樸素，勤儉治國。
同時，他還提倡「以農為本」，
甚至親自下地耕作，
為百姓樹立榜樣。

在此期間，百姓安居樂業，
在和平穩定的環境下創造了大量財富，
以至於後來國庫富得流油，
散錢都多到無法計算了！

漢朝在漢文帝、漢景帝這父子倆的帶領下，
出現了多年未有的穩定富裕的景象，這就是著名的「文景之治」。

「文景之治」下，人民豐衣足食，生活水準大大提升。
同時，漢朝綜合實力也大大增強。
這是中國皇權專制時代的第一個盛世。

【漢文帝大事記】

○ 西元前 196 年，劉邦冊立劉恆爲代王。

○ 西元前 180 年，呂后病逝，眾臣子迎劉恆即帝位，是爲漢文帝。爲鞏固皇權，漢文帝恩威並施，掌握軍隊的同時封了一批諸侯王。

○ 西元前 177 年，濟北王劉興居發動叛亂，開啓同姓諸侯王反抗漢廷的先例。漢文帝派兵鎮壓，劉興居被俘自殺。

○ 西元前 157 年，漢文帝因病逝世，葬於霸陵。

【漢景帝大事記】

○　西元前 179 年，劉啓被立爲太子。

○　西元前 157 年，漢文帝去世，劉啓即位爲帝，是爲漢景帝。

○　西元前 154 年，吳王劉濞聯合各地諸侯王發動七國之亂。漢景帝調派周亞夫等將領平叛，不到三個月澈底平定叛亂。

○　西元前 150 年，漢景帝立劉徹爲太子。

○　西元前 141 年，漢景帝因病逝世，葬於陽陵。

「文景之治」期間為政舉措

漢文帝、漢景帝在位期間，均以「黃老無為」作為治國指導思想，使社會經濟得到了持續發展，為漢初政權的鞏固與發展做出了重要貢獻。

在經濟方面，兩位帝王均強調農業為立國之本，勸民力農，頒布了一系列減免田租、賦稅、徭役的制度，大大促進了社會生產力的恢復與發展。

在法制方面，兩位帝王均認為嚴刑峻法不利於統治，主張透過正當、合理的律法禁止暴力，提倡善良風俗。強調法律的教化作用，保障了社會秩序的和諧與穩定。

在用人方面，兩位帝王均認識到讓言論更加開放的重要性，十分重視有識之士的建議，正因此才出現了賈誼、晁錯等名垂青史的政論家。

在文化方面，兩位帝王生活簡樸，以身作則，對儒家經典及其教化功能非常重視。

在軍事方面，兩位帝王更傾向於穩健的防禦戰略，對匈奴主張透過「和親」的手段化解矛盾，避免無謂的戰爭和徵召，使人民能夠專心耕作，確保國家穩定發展。

海內安寧，家給人足，
後世鮮能及之。

喵的！
歷史哪有那麼難 2

本章人物介紹

劉徹　吾皇

衛青　齊瀏海

霍去病　逆風

6

漢武帝

漢朝自建立以來，歷代皇帝勵精圖治，
苦心經營，國家經濟因此得以發展，社會秩序也逐漸穩定。

經歷了「文景之治」，漢王朝積累了大量錢糧，
物質基礎更加牢固，國力也大大增強。

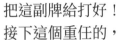

此時的漢朝需要一位明君帶領，
把這副牌給打好！
接下這個重任的，
正是大名鼎鼎的漢武帝——劉徹。

漢武帝

好大的荷包蛋！

據說劉徹的母親在懷劉徹時，
曾夢見太陽進入了她的懷中。
劉徹的母親把此事告訴了漢景帝，
景帝認為這是尊貴的象徵，
斷定這個孩子肯定不平凡！

我派你去基層磨練，從諸侯王開始做起！

諸侯王不是高層嗎？

景帝即位四年後，就封劉徹為地方的諸侯王；再過三年，景帝又將劉徹立為太子。這所有的精心安排，都是為了之後能夠平穩地把皇權交給劉徹。

景帝臨終時，把一切都對劉徹交代好後才嚥了氣。就這樣，只有十六歲的太子劉徹繼承了皇位。

等我走後，記住要善待百姓，廣納諫言，早睡早起，天冷要穿衛生衣，吃藥一定要配溫開水……

嗯嗯嗯嗯……

劉徹剛即位時,其實還無法掌握實權,
每天的政務要向已經是太皇太后的竇氏彙報,
很多重大決策也還得聽太皇太后的意見。

聽阿嬤的話,
別讓**她**受傷

喵的！歷史哪有那麼難 2

終於搶到「麥」了！

即使略有不滿，
劉徹也沒有正面與太皇太后對立，
而是在此期間韜光養晦。
直到太皇太后死後，
劉徹正式掌握朝廷大權，
屬於他的時代終於來臨了！

然而，
此時漢朝卻面臨著內憂外患：
內部地方諸侯王的勢力過大，
存在著隨時威脅中央的可能。

聽 大伯、二叔、三舅、四叔、大堂哥、二表哥⋯⋯ **的話，**
否則他讓你受傷！

外部匈奴不斷地侵擾漢朝邊境。

好在漢初幾代統治者均採取了休養生息政策，
漢朝的國力已今非昔比，
相當厚實，這也讓劉徹對改革有了充足的自信。

準備大幹一場！

於是，他對內頒布了一條重要
的政令——「推恩令」！

什麼是「推恩令」呢？
就是以前諸侯管轄的領地只能由嫡長子繼承，
但現在改為由嫡長子和其他子弟共同繼承。

「嫡嫡」，快把「地地」
分給「弟弟」！

這讓之前分不到領地的諸侯子弟開心死了，紛紛擁護這條政令！
結果就是諸侯國越分越多，勢力也就越分越小，
從此無法再對中央構成重大威脅。

嗚——
嗚——

「推恩令」這一手段十分高明，
以賞賜的名義瓦解掉了大諸侯國的勢力，
不但不費一兵一卒，還贏得了連連稱讚。
成功削弱了地方勢力，
大大加強了中央對地方的控制。

眾弟弟拜謝帝帝
賜地地之恩！

劉徹還建立了「刺史」制度。
他將全國劃分成十三個州部，
每個州部分配一個刺史，
以此代替朝廷監督地方官吏、
豪強和子弟，
防止他們為非作歹。

報告陛下，
目標在私藏狗骨頭！

為了繼續鞏固政權，劉徹決定統一思想。
他接受了董仲舒「罷黜百家，獨尊儒術」的建議，
把儒家學說立為正統思想。

在對外政策上，漢武帝不同於文、景兩帝那樣主張和平，
而是以強勢態度積極地對付匈奴。

當時劉徹手底下有兩員大將，英勇善戰，
武力值「爆表」！
他們就是衛青和霍去病。

衛青

霍去病

這兩人可謂匈奴的噩夢，曾率兵與匈奴進行了三次大戰，
大破匈奴，控制諸多關鍵區域，立下了汗馬功勞。

兄弟們，我做了一個噩夢，夢到我們被漢軍偷襲了。

恭喜你，夢想成真！

受到沉重打擊的匈奴無力再與漢朝抗衡，只好接連遠逃。

為了配合軍隊對匈奴作戰，劉徹在此期間還兩次派張騫出使西域，
開闢出了一條東西交通道路，建立起了與世界的聯繫，
這就是著名的「絲綢之路」。

與匈奴的戰事告一段落後，劉徹開始開疆拓土，先後在秦國故土上又
成功吞併了幾個區域。漢武帝在位期間也被稱為「漢武盛世」，
為漢朝的極盛時期。

漢武帝自十六歲繼承皇位到去世，
在位五十四年，留下了顯赫的功績，
也被歷代史學家和政治家評價為「中國歷史上最偉大的皇帝之一」。

敵人能做的,我的軍隊也能;
敵人到得了的地方,我的軍
隊也行。

【漢武帝大事記】

- 西元前 150 年,漢景帝立劉徹爲太子。

- 西元前 141 年,漢景帝病逝,劉徹即位,是爲漢武帝。

- 西元前 139 年,漢武帝首次派遣張騫出使西域。

- 西元前 135 年,竇太后去世,漢武帝得以完全掌權。

- 西元前 134 年,聽從董仲舒建議,建立起「舉孝廉」的
  人才選拔制度。

- 西元前 133 年,派三十萬大軍屯兵於馬邑,伏擊匈奴,
  自此與匈奴斷絕和親,開始了與匈奴的長期戰爭。

- 西元前 129 年至西元前 119 年,以衛青、霍去病爲主要
  將領,對匈奴發動了九次征伐,均取得重大勝利。

- 西元前 127 年，頒布推恩令，削弱諸侯國實力。

- 西元前 126 年，張騫返回長安，向漢武帝彙報了西域情況。

- 西元前 122 年，平息淮南王劉安、衡山王劉賜之亂，鞏固中央對諸侯王的控制。

- 西元前 119 年，第二次派遣張騫出使西域。

- 西元前 112 年，發兵十萬征伐南越。

- 西元前 104 年，施行《太初曆》，以正月爲歲首。這是中國歷史上第一部比較完整的曆法。

- 西元前 99 年至西元前 90 年，以李廣利爲主將，三次遠征匈奴，但敗多勝少，最終與匈奴議和。

- 西元前 87 年，漢武帝病逝，葬於茂陵。

典故

解弦更張

漢武帝對名儒董仲舒非常器重，常請他對施政方針提建議。有一次董仲舒建議說：「漢朝建立在秦朝之後，秦朝的舊制度有些不適用了，就好比琴上的弦已陳舊不堪，沒法使音調和諧，必須把舊琴弦解下來，重上新的琴弦，然後才能彈奏。國家制度也是如此，行不通了，就必須改革，然後才能辦好事情，否則一流的音樂家也彈不出優美的音調，最賢明的政治家也做不出好的政績。」

後世常用「解弦更張」比喻因舊制度、舊方法不適用於新環境，需要做出改變。

大謬不然

> • 宮刑：割去男性生殖器官的一種刑罰。

司馬遷在漢武帝時官任太史令。當時，有一個叫李陵的將軍向匈奴投降，漢武帝對此十分惱怒。不知內情的司馬遷爲李陵辯護，被漢武帝施以極其殘酷的宮刑*。司馬遷的身心由此遭受了極大的創傷，他在給好友任少卿所寫的信中抒發了內心的憤恨，他寫道：「我本來每天都在想如何竭盡全力報效君主的知遇之恩，可萬萬沒有想到過分的忠誠卻讓我蒙受如此不幸。天下竟會有這種事情發生，眞是『大謬不然』。」

後世常用「大謬不然」指某事大錯特錯，與事實完全不符。

馮唐易老

漢景帝在位時，曾拜馮唐爲「楚相」。後來馮唐被免官，從此一直沒再做官，直到漢武帝繼位後，廣求賢良，各郡國紛紛推舉有才學的人，以備任用。

這時才有人又想起馮唐，向漢武帝推舉。於是漢武帝派人去找馮唐，讓他再出來做官。但此時馮唐已經九十多歲了，不能再擔任官職，漢武帝便讓馮唐的兒子馮遂當了郎官。

後世常用「馮唐易老」指人不得志，久久得不到重用。

臥雪吞氈

蘇武曾受漢武帝之命出使匈奴，被匈奴扣留。匈奴王勸蘇武投降，被他義正辭嚴地拒絕。匈奴王大怒，將蘇武幽禁在洞中，不給他任何東西吃。

下雪時，蘇武臥在雪地裡，天寒地凍，又沒有任何東西吃，然而他憑藉頑強的意志，靠吃雪、吃動物的毛活了下來。

匈奴王心狠手辣，見蘇武還不屈服，便又把蘇武押送到邊遠的湖邊牧羊，宣稱等公羊生小羊了才能放了他。

就這樣，蘇武在匈奴度過了十幾年的艱苦生活，直到漢朝與匈奴和親，他才回到故國。

後世常用「臥雪吞氈」比喻歷盡磨難，仍堅貞不屈的氣節。

典 故

金屋藏嬌

漢武帝年幼時被封爲膠東王，有一次他的姑姑（館陶長公主）把武帝抱在膝上，笑著問他說：「你想不想娶媳婦啊？」

武帝回答：「當然想啊。」

長公主指著侍立身旁的美女，問道：「宮裡有這麼多的美女，你想娶誰當媳婦呢？」

武帝回答：「我都不喜歡。」

長公主聽了，就指著自己的女兒陳阿嬌，問道：「那我把阿嬌嫁給你，好不好？」

阿嬌是武帝青梅竹馬的玩伴，武帝本來就很喜歡她，一聽到姑媽要把女兒嫁給自己，就很高興地說：「如果我將來娶了阿嬌，一定會建造一棟華麗的房子給她住！」後來，武帝果然和阿嬌成婚，即位之後也立阿嬌爲皇后。「金屋藏嬌」原指營建華屋給所愛的美人居住，後則用「金屋藏嬌」比喻男人納妾或有外遇之事。

千金買賦

　　陳皇后嫁給漢武帝後，不久便失寵，住在長門宮中，心裡非常悲苦。

　　聽說蜀地成都的司馬相如作文章天下第一，於是陳皇后贈送司馬相如百斤黃金，請他爲她作一篇〈長門賦〉，以排解她的憂傷。這篇賦深深感動了漢武帝，讓他知道了陳皇后的悲苦心情。於是，陳皇后重新得到漢武帝的親近和寵幸。「千金買賦」原意是用很多黃金買一篇詞賦，藉以抒發自己的悲傷情懷，也常用來指宮廷失寵或者作品極有價值。

7

西漢番外篇

儒家

喵的！歷史哪有那麼難2

歷經了幾代統治者正向的經營，
漢朝蒸蒸日上，日益強大。

在如此鼎盛的時期，除了有賢能的君主，各個領域的人才自然也是大量湧現，比如哲學家、史學家、外交家等。

之前我們提到過的董仲舒，就是西漢時期著名的哲學家。
他的出現，讓日後中國思想史發生了巨大的變化。

董仲舒

董仲舒從小就愛好讀書，喜歡鑽研書籍。早年，
博學多識的他招收了很多學生，每天為學生授課講學，
解讀儒家經典。

透過講學，董仲舒培養了很多人才，這也讓他的名氣越來越大。
漢景帝時期，董仲舒被任用為博士，掌管經學講授。

漢武帝繼位後，向廣大賢士徵求治國方略。
董仲舒因此進諫，提出了〈天人三策〉。
包含「天人感應」、「三綱五常」、「大一統」
等重要的概念，受到漢武帝讚賞。

大一統

天人感應

三綱五常

哇~

我有幾個
錦囊妙計！

同時董仲舒主張「罷黜ㄔㄨ百家,獨尊儒術」,
也就是廢除其他思想,只尊崇儒家學說。
漢武帝採納了他的主張,儒學也就此成了中國社會的正統思想。

那漢武帝為何會採納他的提議呢？
起初漢朝所推崇的清靜無為的「黃老思想」，
已經不能滿足漢武帝在政治上
進一步加強中央集權的需要了，
而儒家的思想觀念與當時漢武帝所
面對的形勢更相符。

小夥子，
我看好你！

不過董仲舒的仕途並不平坦，
他最終選擇了辭職回家，
專心寫作著書。儘管如此，
漢武帝仍然很尊重董仲舒。
每當朝廷有什麼大事需要商議的時候，
漢武帝都會派使者去問問他的建議。

董仲舒一生歷經三朝，
度過了西漢王朝的極盛時期。
他是儒學史上的一塊重要基石，
為儒學做出了巨大貢獻，
使儒學發展到了嶄新的階段。

介紹完董仲舒，
接下來我們聊聊他的學生，
西漢出色的史學家、文學家——司馬遷。
沒錯！就是寫出著名的《史記》的那位！

其實最早提出寫史書想法的人並不是司馬遷，
而是司馬遷的父親司馬談。司馬談早年負責掌管國家的各種書籍，
平日裡能接觸到大量的圖書文獻，於是立志要撰寫一部通史＊。

• 通史：是一種以時間為軸線，按
照歷史的發展脈絡，從古至今，
貫穿不同時代的歷史寫作。

我要努力寫史書

我要努力……

司馬談

只可惜後來司馬談身患重病，無法親自撰寫。
彌留之際，司馬談就把這個重任交給了兒子司馬遷，
再三囑咐他要繼承自己的遺志，一定要寫好一部史書。

在父親的指示下，
司馬遷之前已經開始遊歷天下，
四處考究遺聞古事，不斷豐富自己的學識。

父親去世後，司馬遷接替了父親太史令的工作，開始專心寫《史記》。
在任職期間，司馬遷結識了許多賢能之士，
其中對他影響最大的，便是老師董仲舒。

以為能這樣安安穩穩地寫完，但司馬遷後來因為替投降於敵人的李陵
說好話，惹怒了漢武帝，因此被處以殘忍的宮刑。

在屈辱的餘生中，司馬遷以堅韌的毅力寫完了《史記》，
實現了父親未能完成的理想，完成了他自己的使命。

• 通史：以人物傳記為中心而編輯的史書體裁。

《史記》規模巨大，體系完備。 全書共一百三十卷，五十二萬餘字，
記載了從上古傳說中的黃帝時期到漢武帝年間共三千年左右的歷史，
這也是中國歷史上的第一部紀傳體通史＊。

《史記》被公認為中國史書的典範，
在中國文學史上有重要地位。
司馬遷也被譽為中國歷史上
最偉大的史學家。

除了喜歡鑽研的文史學家，
西漢還湧現了一批經常外出、富有冒險精神的旅行家。
前文提到過的漢武帝時期的張騫正是「絲綢之路」的開拓者。

由於匈奴長期不斷騷擾，
漢武帝繼位後便一心想打退他們。
考慮到玉門關、
陽關以西的地區十分重要，
漢武帝派出張騫去建立與
西域的聯繫，以便夾攻匈奴。

給你一次出差
旅遊的機會！

Yes sir
（好的）！

張騫總共出使了兩次。第一次張騫還沒走多久，
剛到「河西走廊」就被匈奴的騎兵給抓住了，且被關了整整十年之久。

後來熬過了重重磨難，張騫好不容易來到了大月氏，
可這裡的人認為匈奴威脅較小，且自己和漢朝距離較遠，
難以相助，因此無意聯盟。無奈之下，張騫只好先回去再做打算。

回到漢朝後，
出發時的一百多人只剩下兩個人。

陛下，就我們倆平安
回來……嗚嗚嗚……

雖然這次遠行沒有達到預期的目的，但成功打通了漢朝與外界的通道，加強西域和漢朝的聯繫，張騫也因此被漢武帝升了官。

匈奴被打退後，張騫第二次被派去出使西域。這一次的旅程十分順利，張騫成功訪問了許多國家。這不僅擴大了西漢王朝的政治影響力，也促進了東西方經濟、文化上的交流。

就此，西域與漢朝打通了貿易的通道。
漢朝與西域的經濟開始發展，
漢朝與西域諸國外交活動的第一個高潮到來了。

張騫被譽為偉大的外交家、探險家，對漢朝與西域的關係有重要貢獻，被後人稱為第一個睜開眼睛看世界的中國人。

他們使西漢王朝的國力逐步增強。
他們的貢獻意義非凡，影響至今。

吾皇巴扎黑小課堂

【司馬遷相關文學作品】

〈司馬遷〉

宋．秦觀

子長少不羈，發軔遍丘壑。至今青簡上，文彩炳金艧ㄏㄨㄛˋ。
晚遭李陵禍，憤悱思遠託。高才忽小疵，難用常情度。
高辭振幽光，直筆誅隱惡。譬彼海運鵬，豈復顧繒繳。
馳騁數千載，貫穿百家作。區區班叔皮，未易議疏略。

〈司馬遷〉
宋‧王安石

孔鸞負文章，不忍留枳棘。　領略非一家，高辭殆天得。

嗟子刀鋸間，悠然止而食。　雖微樊父明，不失孟子直。

成書與後世，憤悱聊自釋。　彼欺以自私，豈啻相十百。

吾皇巴扎黑小課堂

【張騫出使西域行程軌跡】

〈 第一次出西域 〉

西元前 139 年，張騫受漢武帝之命，從長安出發，帶領百餘人的使團前往西域，目標是與大月氏結盟，對抗共同的敵人──匈奴。

張騫此行，途經大宛、康居、大月氏、大夏等地，先後被拘兩次，在外十三年，雖歷盡艱辛，卻志節不改。

於西元前 126 年返回長安。儘管沒能達成與大月氏結盟的目的，但張騫詳細向漢武帝彙報了西域各國的人口、城市、兵力、物產等情況，受漢武帝讚揚，被封為太中大夫。

〈 第二次出西域 〉

西元前119年，漢武帝命張騫再次出使西域，目的在「厚賂烏孫」，使其與漢結好，向東夾攻匈奴，以實現「斷匈奴右臂」之策。然而，烏孫內部紛亂，意見不一，張騫的遊說未能成功。

烏孫派翻譯、嚮導以及使者數十人護送張騫返漢，於西元前115年抵達長安。在烏孫時，張騫分遣副使前往大宛、康居、大夏、安息等地，後來各路使者陸續與所訪各國國人協同回到漢朝，漢朝與西域各國的良好關係由此建立，張騫因功拜大行令，列位九卿。

張騫兩次出使西域，加強了中原與西域的聯繫，暢通了中國通往西方的「絲綢之路」。

典 故

目 不 窺 園

　　董仲舒自少年時起便潛心研究《春秋》，對儒家經典研究得頗爲透徹。

　　漢景帝時，他當上了博士官，因爲學問精深，各地慕名而來向他求學的人非常多。他講學的時候，前面掛著帷帳，聽課的學生看不到他，他也看不到學生。他只顧在帷帳中滔滔講來，他的學生都在帳外仔細聆聽。

　　因爲來的人多，後來的人只能向先來的人學習，卻很難見到董仲舒本人。據說，當時他在帷帳內講讀經典達到了忘我的地步，在帷帳中坐了三年，竟然沒有一次分心向園子裡看一眼。

　　學生們見老師如此認眞，無不遵照禮節，模仿他，向他學習。後世多用「目不窺園」形容讀書精神十分集中。

重要知識

獨尊儒術

　　董仲舒以儒家思想為基礎，兼採陰陽五行學說，建立一套新的儒學體系，並根據《春秋》大一統的思想，提出獨尊儒術的主張。

　　漢武帝罷黜百家，置五經博士與博士弟子員，規定通一經以上者得補為吏，高第者為郎中；又規定郡國每年都要察舉「孝廉」任官。從此教育、考試、任官三者結合，逐步將儒學推向官學的地位。

　　漢武帝雖然倡導儒學，但只是以以儒家思想包裝統治的手法，孔子之「道」雖在表面上成了政統，但孔子的地位不再是帝師，而是漢臣。 表面上獨尊儒術，但暗中又以法家為輔助，形成「霸道、王道雜用（外儒內法）」的統治技巧，並任用「酷吏」鞏固權勢。

董仲舒使儒學成了
中國社會的正統思想，
影響長達兩千多年。
司馬遷的《史記》
讓三千年左右的歷史
成功流傳下來，
張騫先後兩次出使西域，
建構了漢朝與
西域諸國友好交往的橋梁，
也打開了中國通往中亞、
西亞以至歐洲的陸路交通。

究天人之際，通古今之變，
成一家之言。

喵的！
歷史哪有那麼難 2

本章人物介紹

王莽　牛能

王氏家族代表　其他貓咪

8

王莽

佛系

漢武帝死後，漢昭帝、漢宣帝相繼接過皇位。
這段時期的西漢經濟繁榮、文化昌盛，
國力達到了極盛，史稱「昭宣中興」。

如果說整個西漢的發展軌跡是一條拋物線，
那昭宣中興便是這條拋物線的頂點。

既然是拋物線，到達頂點後便是衰落的過程。西漢末期，
政治日趨黑暗，土地兼併劇烈，賦稅徭役沉重，社會動盪不安。
這期間的幾任皇帝都懦弱無能，過度依賴母族力量，
任由外戚＊勢力專政，皇權日益減弱。

• 外戚：帝王母親或妻子的親族。

王氏家族就是勢力最大的外戚世家之一，也是當時最顯貴的家族。
族人大都是官員，身居高位，生活奢靡。

唯獨有一個人生活簡樸，
勤勞好學，因而深受大家喜歡。
辣個男人就是王莽。

還有我，
我精神很富有！

老奶奶，我扶您過馬路！

王莽對內孝順，侍奉長輩；

我才二十五歲，
有那麼顯老嗎！

對外謙遜，
結納賢士。
可謂大家眼中的道德模範。

只要加入哥的戰隊，
哥就帶你一起飛！

正是在外的好名聲，為王莽帶來了做官的機會。
二十四歲那年，王莽開始當官，由於他辦事認真，
朝中許多知名人士都很支持他，替他說了不少好話。

之後的幾年，王莽一路高升。可即便有了一定的地位，王莽也從不擺
什麼官架子，生活依然清廉從簡，
甚至經常拿出一部分薪水來救濟窮人。

我發薪水。

我捐出去。

這些做法大幅提高了王莽在人們心中的地位。

後來代表另一外戚家族的漢哀帝登基，不得勢的王莽只好離職回家。
可由於人們要求他復出的呼聲實在是太高了，
漢哀帝只好又把王莽召了回來。

我要他滾！

我們要他回來！

漢哀帝去世後，
重新得勢的王莽在大臣們的
推舉下當上了「大司馬 *」，
並擁立九歲的漢平帝登基，
他便代理國家所有政務。

少年，我看你
「骨骼清奇」，
是萬中無一的
稱帝奇才，
維護大漢和平的
使命就靠你了！

• 大司馬：古代在中央政府中專
司武職的最高長官，職責是掌
軍事。

在這期間，王莽依然維持著勤儉節約的生活習慣。每逢國家遭遇水旱災害的時候，他會呼籲朝廷官員捐獻土地出來救濟災民。
大家都讚揚他好比古代的聖人！

口碑好到堪比聖人的王莽，難道真的就什麼都不想要嗎？

答案自然是否定的。
其實王莽一直有自己的野心，
他做這些就是為了對外營造良好的形象，
以達到自我宣傳的目的！

獨攬大權後的王莽慢慢暴露出了野心。
他趕走了那些主張相反的人，提拔順從自己的人，
並強化在朝中的勢力。

為了繼續博得人們的好感，王莽也是不擇手段。
王莽的兒子殺死了家裡的一個奴僕，他就逼迫兒子自殺。

好巧不巧，年紀尚小的漢平帝突然病逝了。
為了能更好地操縱政局，王莽擁立僅僅兩歲的小皇子繼位，
由自己來代理朝政，自稱「假皇帝」。

此時王莽在朝中的勢力已是如日中天，
跟真皇帝完全沒什麼兩樣了，
他想稱帝的野心也徹底暴露了出來。

我決定不演了！

恰好當時社會上盛傳各種迷信的謠言，
王莽便趁機派人獻上寫著
「王莽是真命天子」的策書，
暗示自己是上天選中之人。

透過散播假新聞提高聲望，
再加上自己在民眾心裡
本身就有著很高的地位，
五十五歲的王莽，
終於在「民心所向」下，
當上了皇帝，定國號為「新」，
史稱「新朝」！

這杯酒慶祝
這場勝利！

王莽成功實現了自己的野心，
西漢的歷史至此終結。

為了緩和社會矛盾，
崇尚儒家思想的王莽認為只有恢復西周時期的「周禮制」才能實現國泰民安，於是仿照周朝的制度開始推行新政，史稱「王莽改制」。

新政恢復井田制，廢除奴婢買賣，
多次改革幣制，並將鹽、鐵、酒等行業重新收歸國有。

這些政策的本意是提升百姓的生活，但由於不切實際，推行方法不正確，反而使百姓的日子更苦，進一步激化了社會矛盾。

王莽統治末年，國家出現了嚴重的旱災和蝗災，
天災人禍接踵而至，最終天下大亂。
百姓終於忍受不了，紛紛開始反抗！

其中，名為「綠林軍」和「赤眉軍」的兩支隊伍規模迅速擴大。

義軍中，有一位被後世稱作神選之子的人，
深刻影響了歷史的進程，他是誰呢？
王莽建立的新朝究竟又能否維持下去呢？

王莽是一個在歷史上
備受爭議的人物，
有人說他是謀權篡位的「巨奸」，
也有人認為他是富有遠見
的社會改革家。
王莽改制的失敗有其歷史的必然性，
而他一味慕古、剛愎自用的性格，
也使他在改制中
未能根據實際情況進行調整，
無法高效、有威信的推行新政。
不過由於他的很多改革措施
都很有現代色彩，
王莽也被大家稱為「穿越者」。

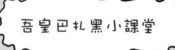

【王莽大事記】

- 西元前45年，王莽出生於有著顯赫政治背景的王氏家族。

- 西元前22年，在伯父王鳳的推薦下，擔任黃門郎，後升爲射聲校尉。

- 西元前8年，繼幾位伯父、叔父之後，出任大司馬，開始涉足漢朝的中樞政務。

- 西元前7年，漢哀帝繼位，丁皇后的外戚得勢，王莽隱居新野。

- 西元前2年，王莽回京城居住。

• 崩：皇帝去世稱為崩。

西元前1年，漢哀帝崩*，漢平帝繼位，王莽任大司馬，兼管軍事令及禁軍。

西元5年，漢平帝崩，王莽立年僅兩歲的孺子嬰為皇太子，代理朝政，稱「假皇帝」或「攝皇帝」。

西元9年，王莽篡位稱帝，改國號為新。主政期間，王莽推行「王田制」，將土地收為國有，禁止私人買賣，並多次進行幣制改革。

西元23年，綠林軍攻入長安，王莽死於混戰，新朝覆滅。

典　故

掛冠而去

　　相傳，王莽篡位後，大力捕殺反對他的人。當時有個叫逢萌的人反對王莽，在看到王莽連自己的兒子王宇都殺了，認為這個朝廷不可久待，還對朋友說：「三綱都斷絕了！如果不趕快逃走的話，災難馬上就來了。」

　　於是，他解下頭上的帽子掛在東都洛陽城門口，回到家中，把家裡人都帶上船，渡過海洋，最後到達遼東地區，客居下來。

　　「掛冠而去」原意是把頭上的帽子高高掛起，揚長而去，後世常用來表示因走投無路或不滿於社會的黑暗而棄官出走。

未可厚非

　　相傳，王莽篡位後，欲貶位於西南的句町王爲侯，句町國與王莽軍隊發生了激烈的戰爭。

　　他先後派將軍馮茂、廉丹和史熊等率大軍前去鎮壓，並向當地徵收重稅，作爲軍隊的糧餉。幾年後，部隊戰死、病死的士兵達幾萬人，軍隊人數銳減，當地百姓的糧財被徵集得所剩無幾，但還是未能平定。

　　京都的地方官馮英上書王莽，勸他休兵罷戰，致力於發展農業生產，否則叛亂將更加激烈，到時候局勢就危險了。王莽大怒，便罷免了馮英的職務。

　　後來，隨著形勢發展，王莽有所醒悟，認爲馮英的意見「未可厚非」，有正確的地方，於是便又派馮英去長沙做官。

　　後世常用「未可厚非」表示對別人提出的看法不應過分責難，雖有錯誤，但可原諒，亦常寫作「無可厚非」。

膏明自銷

龔勝是漢時高士，操守高潔。王莽派使者帶著璽書、印綬及車馬去迎接龔勝到朝廷做官。

龔勝知道推辭是沒有用的，就對門生高暉等說：「我深受漢室恩惠，無以報答，現已年邁，且夕將死，怎能一身侍奉兩朝，去地下見先帝呢？」說完，龔勝不再開口吃飯，十四天後去世。

治喪時，一位老翁弔祭說：「香草因為有香而被燒，脂膏因為可以點燃照明而被焚，龔生這樣清高正直，不像我們這些人啊！」

後世常用「膏明自銷」感慨仁人義士身世不幸。

向平之願

王莽專政時期，有一名人名叫向長，字子平，隱居不仕，安貧樂道，精通《周易》、《老子》。有人贈送他衣物，他便收下，但自足即可，行為舉止公允適度。司空王邑多年徵召他，想將他引薦給王莽，他堅決推辭。

有一回，在家讀《周易》至「損、益」卦時，他感嘆道：「我已經明白，富貴實際上不如貧賤，卻還不知道死與生相比怎麼樣。」

等兒女嫁娶完後，向長將家事處理好，便叮囑家裡人以後不必再找他，如同自己死了一樣。向長離了家，與好友禽慶共遊五嶽名山，不知所終。後世常用「向平之願」形容人看透塵世，脫俗漫遊。

以鄉愿竊天位王莽也。

喵的！
歷史哪有那麼難 2

本章人物介紹

劉秀　吾皇

王莽　牛能

劉縯　傲霸

喵的！歷史哪有那麼難2

上回說到，作為外戚勢力的王莽，
透過不斷對外宣傳自己良好的形象，逐漸俘獲了民心，
最終成功登上皇位，建立了「新朝」。

不過由於篡位後政策推行操作不當，王莽政權面臨了各地起義反對。

我的愛豆翻車了！

在義軍中，有一個運氣「爆棚」的神選之子！
他就是劉邦的第九世孫，
未來著名的「漢光武帝」──劉秀！

你是我的
新偶像！

劉秀

劉秀在出生時就跟別人家孩子不一樣，
據說有赤色的光照耀整個房間，
屋外還長出了幾尺高的稻穗。

這家是在開派對嗎？

雖然身為劉邦的後代，但到了劉秀這一代時，家族已經逐漸沒落。
從小就沒了父親的劉秀被叔父收養，成了平民百姓。

你是在體驗先祖劉邦在鄉下的生活，是在鍛鍊自己！

喂！你個窮鬼！

哥哥，叫劉縯，
哥倆雖然是親兄弟，
性格卻大為不同。劉縯性格剛毅，
有著遠大的志向；
劉秀則性格沉穩，
平常愛好農事。

以後我要當為老百姓
謀福利的人！

劉縯

我想當老百姓。

這樣平穩種田的日子沒過多久，天下就大亂了，
反對王莽的各路豪傑、大小農民軍都揭竿而起。
哥哥劉縯一看這是要做大事的節奏啊，馬上就加入了！

綠林山

搞事去了！

當時劉秀還在深思熟慮，
默默觀察各地的情況。
確認天下真的大亂之後，
他才決定起兵，
加入義軍的陣營。

別丟下我！

因為大本營駐紮在
「綠林山」，
所以這支義軍被稱為「綠林軍」。

在戰爭初期，綠林軍兵少將寡，
沒什麼好的武器，
劉秀甚至要騎牛打仗。

勇敢牛牛，
不怕困難！

只能在打敗敵軍後，
繳獲他們的武器使用。

不過綠林軍越戰越勇，打了不少勝仗，規模也逐漸擴大。
他們試圖復興劉氏政權的口號驚動了新朝中央，
王莽立即下令派出四十二萬大軍，準備一舉撲滅這團新生的火焰。

喵的！歷史哪有那麼難2

面對巨大的人數差距，綠林軍一下就慌了，
不知如何應對。
就在王莽大軍兵臨城下之際，劉秀站了出來，
他帶了十幾人的小部隊連夜出城，去搬救兵。

走路小心點，
不要被敵人發現！

四十二萬大軍仗著人多，根本沒把他們放在眼裡。
可留下守城的綠林軍知道自己別無退路，
跟發了瘋似的死守城池，王莽軍久攻不下。

就在這時，劉秀帶著救兵趕了回來，殺入王莽軍內部。
守城的綠林軍也因此士氣大振，乘勢出擊！

面對夾擊，王莽軍亂成一鍋粥，被打得四處逃竄。
最終四十二萬大軍幾乎全軍覆沒，
綠林軍奇蹟般地取得了勝利！

綠林軍趁勢攻入新朝中央，
在混戰中殺死了王莽，
成功占領了王都。
新朝就此覆滅。

作為功臣的劉秀兄弟就此一戰成名，威名遠播。

可威名在有些人的眼裡則是威脅。
劉繡因為勢力越來越大，再加上性格桀驁不馴，
深受其他人忌憚，最終被設計殺害。

拜拜！

劉秀心裡明白，如果不表現得收斂點，
自己會遭遇和哥哥一樣的下場。為了能繼續活下去，
失去哥哥的劉秀只好強忍悲痛，暫避鋒芒。

雖然新朝覆滅了，但地方的割據勢力還沒被統一，
更何況赤眉軍＊也對王都裡的寶座虎視眈眈，
綠林軍為了鞏固自身政權，
派出劉秀去收復一個重要地點——河北！

劉秀憑藉自己強大的人脈以及高超的作戰能力，成功收復了河北。
但收復河北後，劉秀便與綠林軍中央決裂了，
打著重興漢室的旗號，獨自建立起了政權。

• 赤眉軍：前面有提到過，反抗王
莽的勢力之一，主要成員均為
農民，因習慣將眉毛染成紅色，
而稱為赤眉軍。

此時的綠林軍和赤眉軍為了奪取中央政權，
展開了激烈的廝殺。

在二者混戰之際，劉秀趁機開始一一收復各地，
逐漸壯大自己的勢力。

最終，赤眉軍打敗綠林軍，占領了王都。
不過取得勝利後的赤眉軍紀律鬆散，貪戀賞賜，戰鬥力大幅下降。
同時因為長年戰亂，當地連吃的都所剩無幾，
赤眉軍被迫向別地轉移。

就在轉移的過程中，劉秀用計成功將他們一網打盡，全部殲滅。

此後的幾年，劉秀將各地其他割據勢力全部剷除，
最終統一了中國，建立了「東漢」，他被後世稱為「光武帝」。

完成統一大業的劉秀厭惡戰爭，
深知只有天下太平才是民心所向。
因此即位之初，
劉秀採取了休養生息的政策，
注重恢復國家經濟，
並減輕百姓的各種賦稅、徭役等。

哇！

農

在政治上，劉秀提倡「柔道」治國，
整頓官場風氣，精簡內部結構，
並重重賞賜功臣。

同時劉秀很注重文化方面的建設，
他大力發展儒學，
推崇氣節，修建學校。
他主政期間被後世讚揚為歷史上
社會風尚最美好、
儒家學問最為興盛的時代。

哇！哇！

臣

哇！哇！哇！

學而時習之，
不亦說乎？

儒

以上的種種措施，使東漢初期呈現社會安定、
經濟恢復的祥和局面，史稱「光武中興」。

劉秀為東漢打下了良好基礎，那麼東漢之後會如何發展呢？

漢光武帝劉秀的一生
跌宕起伏，
但他靠著不屈不撓的意志
最終打下了萬里江山，
同時他勵精圖治、苦心經營，
開創了「光武中興」。
他也被評為最有學問、
最會打仗、最會用人的皇帝。

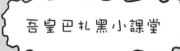

【漢光武帝大事記】

- 西元前 5 年，劉秀出生於南陽郡蔡陽縣。

- 西元 22 年，劉秀和哥哥劉縯一起率兵在南陽（今湖北棗陽）起事。

- 西元 23 年，劉秀率軍與王莽軍大戰，取得了昆陽大捷，王莽政權土崩瓦解。

- 西元 25 年，劉秀在鄗城稱帝，建元建武，是為漢光武帝，東漢開始。

- 西元 36 年，漢光武帝即位後經過十餘載征戰，終於掃平群雄，平定天下。

西元 37 年，增功臣封邑、爵位，解除眾功臣兵權。

西元 39 年，下詔令各郡縣丈量土地，核實户口，作為糾正墾田、人口、賦稅的依據。

西元 43 年，漢光武帝立劉莊為太子。

西元 57 年，漢光武帝病逝，葬於原陵。

疾風勁草

劉秀起兵反抗王莽，部隊經過潁川時，一個叫王霸的人帶了一幫朋友加入了劉秀的軍隊。

從此王霸忠心耿耿，為劉秀出力，打了多次勝仗。特別是在昆陽大戰中，王霸大破王莽的軍隊，立下戰功，取得劉秀的信任。後來，劉秀率軍北渡黃河，討伐河北的各路義軍，戰事很不順利。當初和王霸一起入伍的那些人都走了，只有王霸還死心塌地為劉秀效勞。

劉秀因此更加信任他，並十分感慨地說：「在潁川投奔我的人，現在一個個都走光了，只有你還願意為我效力，真是只有在猛烈的大風中，才能識別哪種草最堅韌，最能經得起考驗！」

後世常用「疾風勁草」比喻立場堅定不移，在極困難的時候也不變節。

差強人意

吳漢是劉秀手下的一位著名將領，官任大司馬。他為人耿直，沉默少語，打起仗來十分英勇，對劉秀一片忠心。

一次，他率軍出征，打了敗仗，許多將士都惶惶不安。劉秀派人去探視吳漢的動靜。

使者回來稟告說：「吳漢鬥志未消，正在修理裝備，鼓舞士氣，準備再戰。」

劉秀感嘆道：「吳公差強人意。」意思是說，吳漢的所作所為很能振奮人心。後世常用「差強人意」雖然不夠好，但大致上還能讓人滿意。

披荊斬棘

馮異是劉秀手下的得力幹將,熟讀兵書,深知用兵之法。東漢政權剛建立時,赤眉軍勢力還很強大,於是劉秀拜馮異爲征西大將軍去平定關中。馮異領命後,成功降伏了赤眉軍,出色地完成了任務。

劉秀對此非常滿意,當著朝中衆大臣的面表揚他:「他像用刀劈開層層荊棘,爲我平定了關中。」

後世常用「披荊斬棘」比喻清除前進道路上的障礙,克服艱難險阻,奮勇前進。

得隴望蜀

東漢初年,劉秀控制東部地區後,又準備向西進軍。當時,隗囂和公孫述分別占據著隴地和蜀地,劉秀向西進軍,目的就在於平定隴、蜀二地,以完成全國統一。

他派大將軍岑彭攻打隗囂,岑彭和偏將吳漢率軍把隗囂圍在西城。這時,劉秀因事要先回洛陽,臨行時,給岑彭寫信說:「兩城若下,便可將兵南擊蜀虜。人苦不知足,既平隴,復望蜀。」

後一句的意思是說:「人苦於不知足,已經得到隴地,便又想得到蜀地。」

後世常用「得隴望蜀」比喻貪得無厭,不知滿足。

樂此不疲

　　劉秀建立東漢政權後，深知治國之艱難，爲了增強國力，鞏固統治，他採取了一系列有效的措施。他特別重視農業生產，立志要改善老百姓的生活，讓他們過上安定的日子，所以特別勤政。

　　每天早上，劉秀很早就上朝處理國事，直到傍晚才回宮，而且回宮後，還要接見王公大臣，同他們商討治國之道，直到很晚才休息。太子劉莊見他如此操勞，便委婉地借用黃帝、老子的話來勸解他，讓他不要太勞累了，多過些悠閒的生活。

　　劉秀對此毫不在意，他說道：「我心甘情願這樣做，我的快樂都在處理這些事務裡了，所以並不感覺疲勞。」

　　後世常用「樂此不疲」形容特別喜愛某種事物，沉溺其中，絲毫不覺得厭煩和疲勞。

妄自尊大

　　王莽末年，群雄四起，經過幾次的爭戰後，就屬隗囂、公孫述、劉秀三人的勢力最大。據《後漢書·卷二四·馬援列傳》載，隗囂派馬援前往蜀地探探公孫述的實力，馬援和公孫述原是舊識，所以馬援本以爲他倆這次見面，一定可以像從前一樣無所不談。沒想到馬援抵達蜀地後，公孫述卻擺出帝王的大場面。

　　馬援很不高興，私底下跟公孫述左右的人說：「現在是誰的天下都還未底定，公孫述不趁現在去求取賢士，幫自己爭天下，反而在這裡講排場，自以爲是皇帝，天下英才如何會久留？」於是就告辭走了。

　　後世常用「妄自尊大」形容人毫無根據的自尊自大。

有志者事竟成也！

喵的！
歷史哪有那麼難 2

本章人物介紹

張機　吾皇

班超　逆風

劉秀　吾皇

蔡倫　巴扎黑

10 東漢番外篇

西漢末期，社會矛盾激化，外戚王莽篡奪帝位。
然而王莽的為政舉措加劇了社會動盪，激起了民變。
劉秀推翻了王莽的政權，完成一統天下的大業，建立了東漢。

自劉秀開創「光武中興」後，社會經濟開始穩定恢復，對科技文化的發展更有利，因此許多領域都有不凡的成就。

先來說說科技領域。

在當時，紙由於價格昂貴還沒有被廣泛運用，

人們通常用竹簡＊來書寫文字。然而竹簡較為笨重，攜帶起來很不方便。

每天背三十公斤的課本與作業去上課！

我們讀書人就是體力好！

- 小知識

《史記》有五十二萬六千五百字，約需一萬三千八百五十五枚竹簡寫成，總重量將接近五十公斤。

資料來源：邢義田（2007）。漢代簡牘的體積、重量和使用——以中研院史語所藏居延漢簡為例。古今論衡，(17)，65-101。

其實早在西漢時期，人們就懂得了造紙的方法，
不過由於原材料成本太高，一直無法普及。
就在大家苦苦思索要如何解決這個問題時，
一個叫蔡倫的人站了出來。

蔡倫

蔡倫出身鐵匠世家，
祖上都是打鐵的，
他從小就對冶煉、
鑄造之類的事很感興趣。

鑄造術
+1

咚！

我的字是不是很好！

很好

後來，蔡倫淨身入宮當了宦官*。
當時的皇后酷愛寫字、畫畫，
但用的帛紙昂貴且稀少，
因此希望能有一種又好用
又便宜的紙。

• 宦官：古代被閹割後為貴族、
皇族服務的男性官員。

您指哪方面……

234

蔡倫自告奮勇地接下任務，
決心好好改良造紙技術。

他整理歸納前人留下的造紙經驗，
改用樹皮、碎麻、破衣服、
舊魚網等作為原材料，
經過反覆嘗試和不懈努力，
終於製成了創新版的
「蔡侯紙」。

漢安帝元初元年，朝廷封蔡倫為龍亭侯，
所以後來人們都把紙稱為「蔡侯紙」。
「蔡侯紙」不僅品質好、製作成本低，原料取得也十分簡單。
造紙術因為蔡倫的改良，開始大規模普及，
紙逐漸成為人們廣泛使用的書寫材料。

蔡倫改進的造紙術被稱為中國古代「四大發明」之一，
不僅加快了文化的傳播，更促進了文明的進步。

在醫學領域，東漢也是人才濟濟，
名醫張機就是其中最有代表性的人物。

張機

張機兒時所處的社會環境動盪不安，
到處都是戰亂紛爭，疫病流行，
這使得他從小就討厭官場，憐憫百姓，
因此萌發了學醫救民的想法。

ЧУ

在十歲左右時，
他拜了當地名醫為師，
自此開始了學醫之路。
老師很欣賞他不怕苦
不怕累的個性，
決定將畢生所學全部傳授給他。

大家生病後，最需要
做的是什麼？

找 Google
發 IG 限動
問 ChatGPT

看醫生。

張機答對了，
其他人把正確答案
抄一百遍。

不愧是我的
弟子！

求學的張機刻苦鑽研，
博覽群書，
廣泛研究前人留下的寶貴
醫學經驗，
很快成了有名的醫生，
能力甚至比老師還要強。

張機雖然醫術高超，
但也不能包治百病。
當時有一種叫作「傷寒」的瘟疫，
致死率非常高，
連張機的家人都難以幸免。
張機就此下定決心，
要研究出根治傷寒病的方法。

張機開始四處奔走，
收集藥方，
同時虛心向其他名醫請教，
再結合他臨床實踐中的經驗，
終於寫成了傳世巨著
《傷寒雜病論》！

《傷寒雜病論》記載了各種病症的症狀，
提出了「辨證論治」的原則，
也就是診斷時要辨證分析病情，然後對症治療，
為中醫藥學的發展做出了巨大貢獻。

《傷寒雜病論》受到歷代醫學家的推崇，
張機也被後人尊稱為「醫聖」！

班超

除了科技和醫學，
在文化領域東漢也有
顯著的成就出現。
自前人張騫後，
東漢的班超也奉命出使了西域。

不過班超不單單是出使而已，他還有別的任務在身！
西漢末期，匈奴重新控制了西域，
斷了西域同漢朝之間的來往。
班超正是被派去「斷匈奴臂膀」的。

班超出身文人世家，
自幼博覽群書，充滿智慧；
同時他的武藝也十分高強，
在戰場上多次奮勇殺敵。
正因文武雙全，
他才被看中，派去出使西域。

雖然我只帶了三十六，但是我的團隊六六六＊！

666

* 編按：六六六最早出現在電競對話框裡，是誇獎隊友技術高超的術語，玩得很「溜」的意思。

這次去西域，班超沒要太多人馬，
只帶了三十六個人就出發上路了。

你從哪裡來？

班超一行人先是來到了
第一站鄯善。
本來鄯善王對他們噓寒問暖、
非常恭敬，
但在匈奴使者的教唆下，
態度突然變得十分冷淡。

匈奴使者

滾回哪裡去！

班超「人狠話不多」，
直接用計殺掉了匈奴使者，
成功震懾住了鄯善王，嚇得他當即表示願意歸附漢朝。

就是憑藉這樣的智勇，
班超先後使鄯善、于闐、疏勒三個國家恢復了與漢朝的聯繫。

在西域的時間，班超成功樹立了威信，
得到了西域各國的信任，以至於後來朝廷召班超回去，
西域各國都不想讓他走，希望他長期留守西域。

經過三十一年的不懈努力，班超收服了西域五十多個國家，
使西域各國陸續恢復了與漢朝的聯繫。

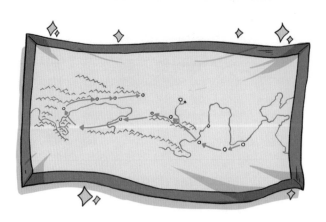

班超出塞不僅為國家節省了大量軍費開支，
同時有效地維護了邊疆地區的安全。

蔡倫改良的造紙術，是促進世界文明的偉大貢獻之一，
各國的造紙術也大都是從中國流傳過去的。
《傷寒雜病論》是第一部從理論到實踐確立「辨證論治」法則的中醫
專著，也是中國醫學史上影響最大的著作之一。

除此之外，東漢期間還有很多突出的成就：
張衡發明了可以探測地震的「地動儀」，
鄭玄開創了「鄭學」並將經學推向高峰，
佛教傳入中國後興建了白馬寺……

東漢王朝在統治上
沿用了許多西漢的方針與政策,
並在此基礎上做了調整與改革,
更適用於當時的社會狀況。
在東漢前期,中央政權進一步
加強了與地方勢力的融合,
國力因此大幅增強。
在這樣的大環境下,
東漢的經濟、文化、
科學技術⋯⋯迅速發展,
甚至遠超西漢時期的水準。

造紙術

造紙術是中國四大發明之一。據載，西漢時，已開始出現由麻質纖維做成的麻紙。最早的紙和絲有密切關係，在使用廢繭搗製絲綿的過程中，發現被河水浸泡過後的絲綿會在席子上留下一層纖維，曬乾之後剝下來就是一張薄薄的紙片。

蔡倫正是在吸取前人經驗之後，把破布、舊魚網和樹皮等混在一起搗成漿，鋪在編織細密的簾子上，使其乾燥後變成紙，製作出便於書寫的紙張。蔡倫改進造紙術，讓紙張普及，為文化的傳播提供了極大的便利。

地動儀

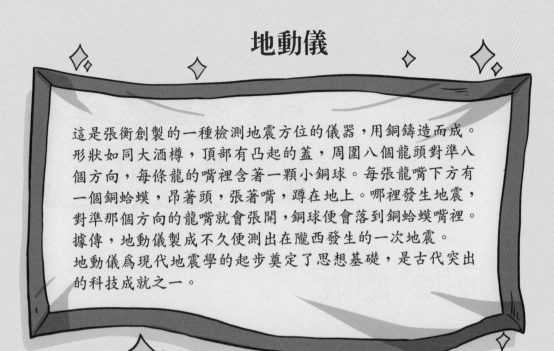

這是張衡創製的一種檢測地震方位的儀器，用銅鑄造而成。
形狀如同大酒樽，頂部有凸起的蓋，周圍八個龍頭對準八
個方向，每條龍的嘴裡含著一顆小銅球。每張龍嘴下方有
一個銅蛤蟆，昂著頭，張著嘴，蹲在地上。哪裡發生地震，
對準那個方向的龍嘴就會張開，銅球便會落到銅蛤蟆嘴裡。
據傳，地動儀製成不久便測出在隴西發生的一次地震。
地動儀爲現代地震學的起步奠定了思想基礎，是古代突出
的科技成就之一。

六經辨證

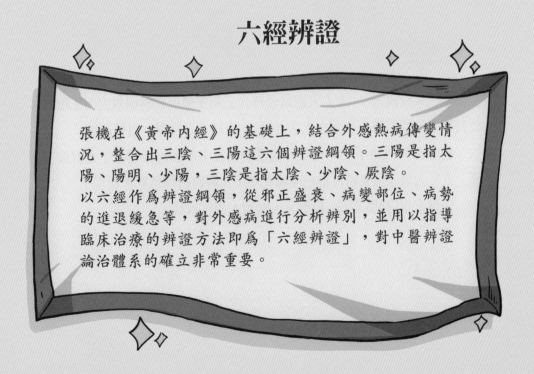

張機在《黃帝內經》的基礎上，結合外感熱病傳變情
況，整合出三陰、三陽這六個辨證綱領。三陽是指太
陽、陽明、少陽，三陰是指太陰、少陰、厥陰。
以六經作爲辨證綱領，從邪正盛衰、病變部位、病勢
的進退緩急等，對外感病進行分析辨別，並用以指導
臨床治療的辨證方法即爲「六經辨證」，對中醫辨證
論治體系的確立非常重要。

典　故

投筆從戎

　　班超從小吃苦耐勞，好學，常為官府及私人抄寫文件、書籍。

　　那時，北方匈奴常侵犯漢朝邊境，百姓不能安居樂業，惶惶不可終日。

　　對此，班超很是氣憤。再加上那個時期，西域與漢朝斷絕很久，五十多年沒有往來了，班超對此也憂心忡忡。

　　有一天，他一面抄檔案，一面覺得心頭煩悶，忍不住將筆奮力扔在地上，大聲說道：「大丈夫應當像傅介子和張騫那樣為國效力，怎麼能長期把時間消磨在筆硯之上？」於是，班超決定從軍，出使西域。

　　他在西域活動了三十一年，使漢朝與五十多個國家建立了友好關係，立了大功。回來時，他已年逾花甲，年輕時的理想終於實現了。

　　後世常用「投筆從戎」形容文人從軍，棄文就武。

吾道東矣

鄭玄曾前往關西拜馬融爲老師，向他學習知識。因爲馬融的學生很多，共有四百多名。馬融並未親自指導鄭玄，而是由學識很高、造詣頗深的學生幫鄭玄傳授知識。

鄭玄到關西一晃三年過去了，在這逝去的三年中，雖沒能親耳聆聽老師馬融的教誨，卻異常刻苦，日夜研習經典，從不敢有絲毫倦意。

有一次，馬融對學生進行考察，發現鄭玄對答如流，於是便將鄭玄單獨叫到身邊。鄭玄趁此，急忙向馬融請教平時遇到的難懂問題。當鄭玄學成回到故鄉時，馬融頗爲感慨地對其他學生說：「他這次榮歸故里，我的學問便也傳到東方去了！」

這便是成語「吾道東矣」的來歷，後世常用以表示自己的學問或主張有了繼承人，得以推廣和發揚光大。

自三代既亡，風化之美，
未有若東漢之盛者也。

Notes

喵的！
歷史哪有那麼難 2

本章人物介紹

劉秀　吾皇

劉宏　牛能

張角　傲霸

11

漢靈帝

漢光武帝劉秀在位期間，
改革官制、加強中央集權，
使脆弱的國家經濟得到恢復和發展，
也讓社會局面變得更加穩定和安逸。

光武帝

章明
治之

劉秀死後，
漢明帝、漢章帝相繼接過皇位。
他們在位期間天下太平，
百姓生活富足，
東漢由此達到了鼎盛，
史稱「明章之治」。

不過這也是東漢為數不多的輝煌時刻，
之後東漢就開始走下坡了。

砰！

東漢中期後，皇帝普遍壽命不長，而且大多數都是年幼繼位。
由於皇帝年紀小不能親政，多由太后主掌大權。

看為娘的實力！

皇帝

太后重用自己的親戚，導致外戚勢力膨脹，
皇帝的權力由外戚實際控制。

皇帝逐漸長大，
越來越不滿外戚干政的狀況，
想重振皇權，
因此便開始依賴身邊有勢力的宦官，
依靠宦官的權力設法剷除外戚勢力。

現在是我的回合！

太后

結果就是外戚勢力被削弱了，
但宦官得勢後開始掌控朝政。
由此形成了惡性循環，外戚勢力和宦官勢力輪流干政，
兩派互相殘殺，東漢朝廷糜爛不堪。

東漢後期，漢靈帝劉宏繼位。
當時的朝政已經病入膏肓，
而且水災、旱災、瘟疫等災禍不斷，
民間各地怨聲載道。

漢靈帝

面對這一切，
劉宏毫不作為，
選擇視而不見。

每天只知道花天酒地，
讓朝廷變得更加腐敗，國勢進一步衰落。

再多榨些錢來！

同時，劉宏尤為寵信宦官，
導致手底下的宦官開始胡作非為、
搜括百姓，讓民眾苦不堪言。

劉宏甚至直接將朝政交給宦官，使得政局的混
亂進一步惡化。

反對宦官干政

面對腐朽黑暗的朝廷，一些正直的士大夫貴族不滿現實，勇於發聲，
開始抨擊時政，抨擊宦官的所作所為，被後世稱為「清議」。

百姓們認為這些良臣，一定能改善朝廷不良的風氣，
「太平盛世」的曙光也就在前方不遠處了。

可事與願違，
這些正義之士由於損害了宦官的利益，遭到了嚴厲鎮壓。
宦官們仗著自己的權勢，
將這些反抗他們的人統統下獄殺害，
史稱「黨錮之禍」。

廣大人民再也無法忍受黑
暗的統治，
反抗的情緒迅速蔓延。

錯的不是我們！
是這個大漢！

就在這時，
太平道＊教主張角終於坐不住了！
經過一番精心策劃後，
張角帶著信徒起義。

蒼天已死，
黃天當立！

• 太平道：中國古代的一種宗教，
以善道教化百姓，創始人為張
角。

透過在社會底層這麼多年的傳教，張角的信徒已經有數十萬人。
張角帶著這數十萬教徒頭裹黃巾，自稱「黃巾軍」，
從全國各地同時向東漢王朝發起猛烈的進攻。

面對黃巾軍的強大攻勢，
劉宏連忙組織官軍進行鎮壓，
並下令各個郡的太守自行募兵守備。

在官軍的反攻下，
黃巾軍受到重挫，傷亡慘重，
首領張角也因病去世。最終，
歷時九個月的黃巾之亂被鎮壓下去，
宣告失敗。

黃巾之亂雖然失敗了，但這次民變，
動搖了東漢王朝的統治基礎，
使其一蹶不振。

當初劉宏讓各郡自行募兵的行為也埋下了
禍根，地方長官趁機擁兵自重，
勢力逐漸增強，
開始不再服從朝廷的命令。

地方州郡亂成一團，形成了軍閥割據＊的局面，
進一步加速了東漢王朝的瓦解。

• 軍閥割據：指擁有軍隊、自成派
系的軍人或軍人集團割據一方，
不聽從中央政府號令的現象。

沒過多久，年僅三十三歲的劉宏就駕崩了。
劉宏去世後，勢力日益膨脹的董卓發動叛亂，
自此朝廷大權旁落，拉開了東漢末年軍閥混戰的序幕。

中央政府的威望蕩然無存。
東漢政權，就此名存實亡。

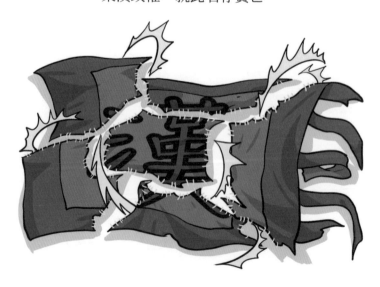

在我們的印象中，
東漢的存在感並不是太高，
雖然前期一度創造了盛世，
但後期的皇帝昏庸無能，
導致外戚干政，宦官專權，
朝政變得腐敗黑暗。
漢靈帝在位的這二十餘年，
專注於自己享樂，讓宦官肆意涉政，
導致皇權被大大削弱，
點燃了「黃巾之亂」的導火線，
雖然最後以失敗告終，
卻沉重打擊了東漢王朝的統治，
並導致了「軍閥割據」局面的出現，
進而架空了朝廷中央，
加速了東漢的滅亡。

【東漢皇帝概況】

- 漢光武帝劉秀，西元25年至57年在位，東漢開國皇帝，結束了新朝的短暫統治，恢復了劉家江山。

- 漢明帝劉莊，西元57年至75年在位，漢光武帝第四子，在位期間整頓吏治，嚴明法令。

- 漢章帝劉炟，西元75年至88年在位，漢明帝之子，性格溫和，為人寬厚，在位期間民生比較安定。

- 漢和帝劉肇，西元88年至106年在位，漢章帝之子，在位初期外戚竇憲等專政，親政後屢次派兵征伐匈奴，國力達巔峰。

- 漢殤帝劉隆，西元106年在位，漢和帝幼子，鄧太后臨朝稱制，在位八個月即崩。

- 漢安帝劉祜，西元106年至125年在位，漢章帝之孫，在位期間寵信宦官，政治嚴重腐敗。

- 漢少帝劉懿，西元125年在位，漢章帝之孫，在位七個月即崩。

○ 漢順帝劉保，西元 125 年至 144 年在位，漢安帝之子，
在位期間朝政掌控於宦官、外戚之手。

○ 漢沖帝劉炳，西元 144 年至 145 年在位，漢順帝之子，
在位六個月即崩，在位期間梁太后臨朝，梁冀專權。

○ 漢質帝劉纘，西元 145 年至 146 年在位，渤海孝王劉鴻
之子，因不滿梁冀專權被梁冀所殺。

○ 漢桓帝劉志，西元 146 年至 168 年在位，漢章帝曾孫，
在位後期與宦官單超等合謀誅殺梁冀，朝政爲宦官掌
控。

○ 西元漢靈帝劉宏，西元 168 年至 189 年在位，漢章帝玄
孫，在位期間宦官專政越演越烈，政治嚴重腐敗，引發
黃巾起義。

○ 漢少帝劉辯，西元 189 年在位，漢靈帝之子，即位不久
即被引兵入洛陽的董卓所廢。

○ 漢獻帝劉協，西元 189 年至 220 年在位，漢靈帝之子，
在位期間東漢名存實亡，先後成爲董卓、曹操的傀儡。

典 故

好 逸 惡 勞

　　漢和帝時，有個中醫大夫名叫郭玉，醫術相當高明，經過他診治的病人，有的接受針灸，有的服藥，大多數都見效。

　　郭玉爲人和藹，平易近人，給窮苦百姓看病，總是盡心竭力，一般都能治好；而對富貴的病人，反而有不少治不好的。

　　例如有一位朝廷官員得了病，請郭玉診治，不論怎樣診治，就是治不好。後來，漢和帝出了個主意，讓他穿舊衣，變換居處，扮成窮人模樣，再請郭玉診治。郭玉一看，一摸，僅用一針，就治好了他的病。

　　於是和帝把郭玉找來，問他爲什麼不幫富人治病。

　　郭玉說：「富貴人家，高高在上，使我望而生難，不免縮手縮腳。同時，幫他們看病還有四難：一是，他們自以爲是，不聽從我的建議，不相信我；二是，他們不愛惜自己的身體，不配合治療；三是，他們體質差，我不敢大膽用藥；四是，他們貪圖安逸享樂，不願意付出體力活動身體。有這四種困難，因此治療不見效。」

　　後世常用「好逸惡勞」形容那些貪圖安逸舒適的環境而懶於工作的人。

魚游釜中

漢順帝時，官府橫征暴斂，兵役徭役甚重，爲了反抗官府的殘酷壓迫，一個叫張嬰的人聚衆起義，朝廷一時無人能降伏他。

當時身爲御史的張綱，因得罪了大將軍梁冀，被任命爲廣陵太守，前往鎮壓。

張綱赴任後，沒有像以往的廣陵太守那樣，率衆鎮壓，反而帶了十幾個小卒前去慰問、犒賞，終於感動了張嬰。

張嬰說：「我們這些愚鈍的平民百姓，只是無法忍受官府的壓榨，才聚衆反抗，以求生存。就像魚在鍋中游泳一樣，堅持不了多久。」

後來，張嬰終於率衆投降。這句成語的原意是指魚在鍋裡游泳。後世常用「魚游釜中」比喻面臨絕境，活不了多久，很快便會死亡。

怨聲載道

漢順帝時，朝廷中宦官、外戚專政，飛揚跋扈。

有個叫李固的官員因看不慣他們的行爲，認爲他們繼續貪贓枉法，肆意橫行下去，必將危害國家的安全。於是，他多次在皇帝面前嚴詞抨擊宦官和外戚，卻因此遭到排擠、陷害，被貶爲四川縣令。

他厭惡了官場中的黑暗，於是在途經陝西老家時，便決心隱居，不想爲官了。後來執金吾梁商寫信請他出來做官，李固在回信中說：「以前，孝安皇帝寵信奶媽的女兒伯榮和中常侍樊豐這一類人；在外又重用周廣、謝惲等人，讓他們有恃無恐地公然收取賄賂，過奢侈豪華的生活。對此，天下的百姓紛紛議論，怨恨的聲音充滿大街小巷。我不希望朝廷走孝安皇帝的老路子，重蹈覆轍。」

後世常用「怨聲載道」形容人民的強烈不滿和怨恨。

合浦珠還

　　據傳，東漢時期，合浦郡境內的海中盛產珍珠。當地人用珍珠與別的地方做交易，並用珍珠來換取糧食。

　　當時地方官貪得無厭，無止境地強迫老百姓為自己探集珍珠，利用各種手段大肆搜集。不久，產珍珠的蚌都成群結隊地跑到交趾郡境內去了。

　　合浦郡失去了產珍珠的蚌，百姓的物資沒有保障，迫使許多人背井離鄉，流離失所，甚至有人餓死在路上。後來，孟嘗當上了合浦太守後，發憤圖強，革除了過去治理手段的弊端，建立起合理的開採制度。產珍珠的蚌又回來了，合浦郡的經濟狀況很快好轉了，許多背井離鄉的人也回來安居樂業。

　　後世常用「合浦珠還」比喻人去而復回或物失而復得。

天下之主, 宜得賢明,
　每念靈帝, 令人憤毒!

007

【吾皇巴扎黑的穿越劇場】

喵的！歷史哪有那麼難② 兩漢風雲

作　　　者｜白茶	漫畫監製｜白茶、味精、馬振遠
專業審訂｜吳宜蓉	專案統籌｜馬振遠
封面設計｜FE 設計	知識顧問｜十一郎
內文排版｜陳姿仔	創意策劃｜黃恆恩、曾一凡、黃雨詩
責任編輯｜鍾宜君	漫畫繪製｜昭宇
校　　　對｜呂佳真	發行支持｜趙姍、于墨然
印　務　部｜江域平、黃禮賢、李孟儒	商務支援｜張斯瑛
	設計支持｜劉坤

出　　　版｜晴好出版事業有限公司
總 編 輯｜黃文慧
副總編輯｜鍾宜君
編　　　輯｜胡雯琳
行銷企畫｜吳孟蓉
地　　　址｜104027 台北市中山區中山北路三段 36 巷 10 號
網　　　址｜https://www.facebook.com/QinghaoBook
電子信箱｜Qinghaobook@gmail.com
電　　　話｜（02）2516-6892 傳　　真｜（02）2516-6891

發　　　行｜遠足文化事業股份有限公司（讀書共和國出版集團）
地　　　址｜231023 新北市新店區民權路 108-2 號 9 樓
電　　　話｜（02）2218-1417 傳　　真｜（02）22218-1142
電子信箱｜service@bookrep.com.tw
郵政帳號｜19504465 （戶名：遠足文化事業股份有限公司）
客服電話｜0800-221-029　團體訂購｜（02）22181717 分機 1124
網　　　址｜www.bookrep.com.tw
法律顧問｜華洋法律事務所／蘇文生律師
印　　　製｜凱林印刷
初版 2 刷｜2024 年 07 月
定　　　價｜450 元

國家圖書館出版品預行編目 (CIP) 資料
喵的！歷史哪有這麼難 .2：兩漢風雲
/ 白茶編繪 .-- 初版 .-- 臺北市：
晴好出版事業有限公司出版；新北市：遠足文化事業股份有限公司發行，
2024.04　面；17x23 公分 -- (Y；7)(吾皇巴扎黑的穿越劇場)
ISBN 978-626-7396-50-6 (平裝)
1.CST: 中國史 2.CST: 通俗史話
610.9　　　113001235

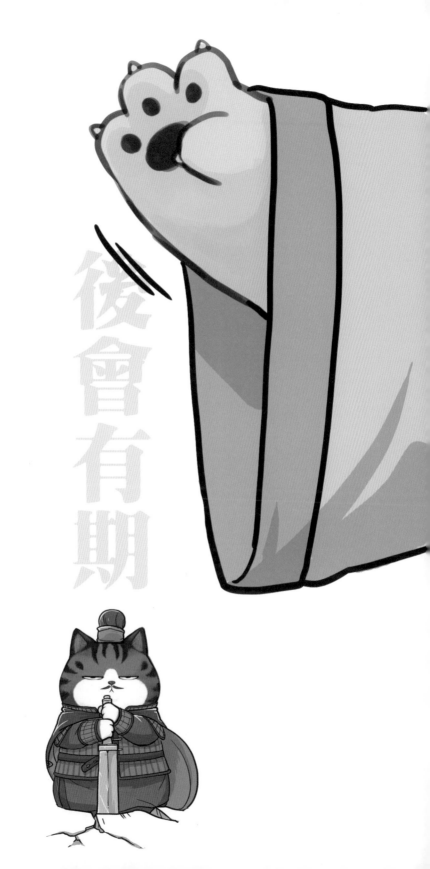

後會有期